OTHER BOOKS OF *LEARN FRENCH AT HOME*

—*12 Short suspense Stories in French for French Learners.* Two books of this new series have already been published: *Le bruit des vagues* (**Nr. 1, 2017**); *Le pays de l'amour,* (**Nr. 2, 2018**). Intermediate and Advanced. With glossaries, grammar tips, cultural notes, exercises and full audio for each story. Available in print format, and as an e-book with audio links.

—*Cook Like a French Person. 33 Bilingual (French English) Recipes* (e-book). New Edition 2017.

—*Grammar French Basics* The basics of French grammar, explained in English, for beginners (e-book). New Edition 2017.

—*Learn French? Of Course You Can!* The First Self-Help Guide For French Learners. Available in print format and e-book.

—*Travelling in France: Essential Communication for the Smart Tourist*: An easy guide of everyday French expressions and vocabulary indispensable for foreigners travelling in France. Available in print format, and as an e-book with audio links.

—*Say It With a French Accent* (e-book): Grammar and scenarios.

—*Live Like a French Person* (e-book): Audio scenarios on daily life in France.

—*Raise Your Children With a French Accent* (e-book): Audio scenarios on children's daily life; songs and stories.

—*Write Like a French Person* (e-book): A compilation of dictations, for beginners and intermediary French students, with audio links.

www.learnfrenchathome.com/french-audio-books

Our Magazine

French Accent Magazine: The essential and **FREE** e-magazine for French learners, with a central theme, articles on various topics such as politics, culture, grammar, etc. Scenarios and vocabulary with audio links. A printed version can be ordered (at cost).

www.frenchaccentmagazine.com

Le trésor

12 Short Suspense Stories in French

Published by: *Learn French at Home*
www.learnfrenchathome.com
Author: Annick Stevenson
Date of Publication: 2019
ISBN: 978-0-359-56730-0

This book is published in two versions: printed and eBook.
With the purchase of the printed version, a free copy of the eBook, **with audio links**, is available.
The eBook version is in pdf format.
See page 130 how to access to a free copy of the eBook version.

Cover photo: © DR

Back cover photo: Annick Stevenson.
© Roger Stevenson

Le trésor

12 Short Suspense Stories in French

For French Learners

Nr. 3
(Intermediate and Advanced)

by **Annick Stevenson**

With Glossaries, Grammar Tips, Cultural Notes, Exercises and Full Audio for Each Story

How to Use the Audio Links

This book is available in two formats:
1. printed version ;
2. e-book, that you can read on your computer, your tablet and your smartphone.

The e-Book version will give you access to the audio files: in each chapter the audio link will enable you to listen to, and repeat, the full short story.

Here is the link to download the eBook version:
www.learnfrenchathome.com/magazine/st3/
French Short Stories Nr3 ebook.pdf

You can also access the audio files for the following pages on the link below:
www.frenchaccentmagazine.com/st3/audio.html

You can add this link in the bookmarks of your smartphone, tablet, or any other device.

We suggest that you take the time to read, listen and repeat out loud every sentence. There is nothing like repetition!

Dès qu'on parle une langue étrangère,
les expressions du visage, des mains,
le langage du corps changent.
On est déjà quelqu'un d'autre.

(From the moment we speak a foreign
language, our hand and facial
expressions and our body language
change. We are already someone else.)

Isabelle Adjani

CONTENTS

FOREWORD

THIS BOOK IS THE THIRD in a series of publications by *Learn French at Home* and it complements the French lessons on Skype that we have been providing since 2004 to more than 3,000 students through our online school (see page 129).

The first book in this new series, *Le bruit des vagues*, was published in 2017 and the second, *Le pays de l'amour*, in 2018. All the books in this series bring together short suspense stories, with a surprise ending, and each story has detailed glossaries sprinkled throughout the text.

This series has already been a great success with our readers and students, who said they like this approach, and the possibility of both reading and listening to French stories.

Indeed, not only can you read the stories but you can also listen to the entire text in French through the audio links at the beginning of each story in the e-book version (see page 130 on how to access them).

The 12 new stories that you find in this third volume have all been previously published in the *Petites histoires* section in various issues of our magazine *French Accent*. We have added more complete glossaries, and a few very useful and easy to understand grammar and vocabulary tips, cultural notes, and more questions, in French, about what happens in the stories (with the answers at the end).

Bonne lecture, et bonne écoute !

1. LE TRÉSOR

 Listen to the story, and read it out loud :

IL ÉTAIT CONNU de <u>tout le monde</u> dans la famille que l'oncle Auguste avait fait fortune. On ne savait pas trop comment. <u>Certains</u> disaient qu'il avait gagné cet argent en travaillant dur dans des <u>chantiers,</u> d'autres qu'il avait fait des choses pas très légales, d'autres encore qu'il était tout simplement <u>radin,</u> puisque personne n'avait jamais rien reçu de lui. Mais où se trouvait sa fortune ?

Deux jours à peine après sa mort, ses <u>héritiers</u> avaient déjà vérifié dans tous ses papiers, et constaté qu'il n'avait presque pas d'argent <u>sur</u> son compte en banque.

<u>tout le monde</u> = everybody
<u>Certains</u> = Some people
<u>chantiers</u> = construction work sites
<u>radin</u> = stingy
<u>héritiers</u> = heirs
<u>sur</u> = in (notice that in French you put money on an account whereas in English you put it in an account)

Seule possibilité, il avait caché sa fortune dans la maison. Tout le monde a donc commencé à <u>fouiller</u>. C'était facile, il n'y avait pas beaucoup de meubles dans cette toute petite maison <u>délabrée</u>. Très vite, <u>il est apparu évident</u> qu'il n'y avait rien d'autre que quelques objets sans valeur, et beaucoup de <u>poussière</u>.

C'est alors que le jeune Martin <u>a remarqué</u> quelque chose de bizarre sur l'un des murs de la chambre. Une partie du <u>papier peint</u> semblait bien plus neuve que sur le reste du mur, plus propre <u>en tout cas</u>. <u>Et si</u> l'oncle Auguste avait fait un trou dans le mur pour y cacher son trésor ?

Poussant le vieux lit le plus loin possible, toute la famille s'est rassemblée pour examiner ce <u>pan de mur</u>.

<u>fouiller</u> = to rummage through
<u>délabrée</u> = run down
<u>il était apparu</u> (*apparaître*) <u>évident</u> = it was obvious (it had appeared obvious)
<u>poussière</u> = dust
<u>a remarqué</u> (*remarquer*) = noticed
<u>papier peint</u> = wallpaper
<u>en tout cas</u> = in any case
<u>Et si</u> = What if
<u>pan de mur</u> = section, panel of the wall

D'un air connaisseur, Jules, le père de Martin, a commencé à taper des coups de plus en plus forts à plusieurs endroits de la paroi.

– Ce mur est creux ! Vous entendez la différence ? Là le mur est plein, mais ici, il y a une cavité, c'est sûr !

Il n'a pas fallu longtemps, avec quelques outils, pour arracher le papier peint. Dessous, il était évident que cette partie du mur avait été refaite. Depuis très longtemps, probablement, car on ne remarquait aucune trace de replâtrage récent.

taper = to hit
paroi = partition
creux = hollow
Il n'a pas fallu (*falloir*) longtemps = It didn't take a long time
arracher = to tear/rip off
replâtrage = replastering

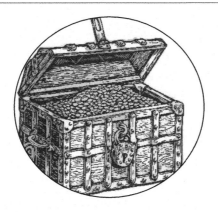

– Il faut casser ce mur. On va d'abord jeter ce vieux lit qui ne vaut rien et prend toute la place. Aidez-moi !

Une fois encore, Jules s'est montré très autoritaire. Mais personne n'a protesté. L'enjeu était trop important. Un trésor se trouvait peut-être là, à portée de main, dans ce vieux mur ?

Après quelques heures, les premières pierres arrachées ont révélé qu'il y avait bien un espace creux. Chacun essayait de voir ce qu'il y avait dedans avec une lampe-torche, mais on ne pouvait rien distinguer, c'était bien trop sombre.

L'enjeu = What was at stake
à portée de main = within easy reach
lampe-torche = flashlight
distinguer = to see clearly
sombre = dark

– Il faut continuer, si on arrive à enlever cette grosse pierre, on devrait pouvoir y arriver.

Enfin le trou béant est apparu. Le mur contenait bien une cachette secrète. Reprenant la torche pour en éclairer les profondeurs, Jules s'est écrié :

– Un trésor ! Il y a bien un trésor caché ici !

---

on devrait (conditional of *devoir*) pouvoir y arriver = we should be able to do/manage it
le trou béant = the gaping hole
Reprenant (*reprendre*) = Taking/picking up again

C'était un coffre en bois, tout simple. À l'intérieur, des centaines, des milliers peut-être, de pièces de monnaie. <u>Hurlant</u> de joie, la famille <u>s'est précipitée</u> pour vider le précieux contenu sur la table de la cuisine.

> <u>Hurlant</u> (*hurler*) = Screaming
> <u>s'est précipitée</u> = rushed

VOCABULARY

The verb *arriver*

This is one of those verbs that the French use all the time in everyday language, and that have several meanings depending on the context: "to arrive," "to approach," "to reach," "to happen," "to manage," "to be able to," "to make it," like on page 16, "to achieve, " and many more nuances.

A few examples:

Tu arrives ? On part. = Are you coming? We're leaving.

Attends-moi sur le trottoir, j'arrive. = Wait for me on the sidewalk, I'll be there soon.

Je n'arriverai pas à ce niveau. = I will not reach this level.

Qu'est-ce qui t'arrive ? = What's happening to you?

Ça va tes examens ? Tu y arrives ? = Are you OK with your exams? Can you manage?

Je n'arrive pas à comprendre ce qu'ils veulent ! = I'm unable to understand what they want!

Ça y est, j'y suis arrivée ! = There we are, I did it!

Je suis sûre qu'il arrivera à ses fins. = I'm sure he will achieve his aims.

A cultural note

Avoir un bas de laine

Exactly like in *L'Avare* (The Miser) by Molière, keeping a hidden "treasure" at home, that consists of coins, or banknotes, is not so unusual in France. It was often the case in the past, and this strange habit continued until quite recently. There is even a French expression for that: *avoir un bas de laine* (to have a nest egg; lit.: to have a wool stocking). It comes from a time when people kept their cash in a big and sturdy stocking. This use of a piece of clothing has disappeared over the years, but the expression remained when talking about the cash hidden at home, especially by people living in the countryside who didn't have easy access to a bank or didn't trust banks. But not only...

After the franc was replaced by the euro, in 2002, it was a big surprise that so many people had kept a lot of cash that they had to exchange into euros. The government gave them 10 years to do so. Many people waited until the last minute to empty their *bas de laine*: during the last four months before the deadline in 2012, 1.5 million banknotes, valued at 57.6 millions euros, were exchanged. Still, many people were reluctant to turn in their cash. According to estimates, the amount of cash still hidden at home might be as high as 526 million euros, that is 55 million banknotes, which have no value any more. We should point out that there is still much more cash hidden at home in Germany, but the government hasn't given any deadline and still continues to exchange the old deutschmarks into euros.

– C'est incroyable, garder tout ça dans un mur <u>au lieu de</u> nous en faire profiter, s'est exclamé Martin.

<u>Il a suffi</u> d'apporter à la banque les pièces de monnaie pour comprendre que ce n'était que d'anciens centimes, qui n'avaient jamais eu beaucoup de valeur, et <u>n'en</u> avaient aucune aujourd'hui.

Mais alors, pourquoi l'oncle Auguste les avait aussi bien cachées ? Peut-être pour s'amuser, en imaginant la tête <u>déconfite</u> de toute la famille devant ce <u>canular</u> post-mortem...   □

<u>au lieu de</u> = instead of
<u>Il a suffi</u> (*suffire*) = It was enough
<u>n'en</u> = *en* in this case refers back to *valeur*
<u>déconfite</u> = baffled
<u>canular</u> = hoax, joke

QUESTIONS

que l'oncle Auguste avait fait fortune

1. Que disaient les gens à propos de l'oncle Auguste ?
2. Dans quel genre d'habitation vivait-il ? *dans une tout petite maison délabrée*
3. À quelle occasion les membres de sa famille se retrouvent chez lui ? *après sa mort*
4. Que cherchent-ils, et pourquoi ? *la fortune cachée dans la maison, pour pouvoir se*
5. Qu'est-ce qu'ils trouvent ? À votre avis, quelle est la raison pour laquelle ils sont surpris ? *partager l'heritage*

P.CC7

VRAI OU FAUX ?

F 1. Auguste avait une belle maison.
F 2. Il avait une fortune dans son compte en banque.
V 3. Jules est très autoritaire.
F 4. Martin est le frère de Jules.
V 5. Le papier-peint dans le mur de la chambre étonne Martin.

(Answers page 117)

2. L ES PREMIÈRES VACANCES

 Listen to the story, and read it out loud:

DEPUIS PLUSIEURS JOURS, il y quelque chose de changé dans l'atmosphère du Beaupré, cette jolie maison située au cœur du plateau, bordant le <u>ruisseau</u> qui <u>arrose</u> cette vallée du Jura. Dans la <u>salle de séjour</u> sont <u>étalées</u> de larges valises ouvertes, des vêtements <u>épars</u> <u>gisent</u> sur <u>les dos des chaises</u> et fauteuils, la chambre principale est <u>sens dessus dessous,</u> les plantes ont été <u>écartées</u> de la fenêtre.

> <u>ruisseau</u> = stream
> <u>arrose</u> (*arroser*) = runs through; other meanings of *arroser* are to water plants, or to celebrate something with a drink
> <u>salle de séjour</u> = living room
> <u>étalées</u> = spread around
> <u>épars</u> = scattered
> <u>gisent</u> (*gésir*) = lie
> <u>les dos des chaises</u> = chairbacks
> <u>sens dessus dessous</u> = topsy-turvy
> <u>écartées</u> = moved away from

Et surtout, Ariane <u>a du soleil plein les yeux,</u> un sourire <u>quasi</u> permanent sur son joli visage tout rond, et elle se sent si légère quand elle se déplace d'une pièce à l'autre. Et lorsque son <u>regard</u> reflète la moindre inquiétude, c'est quand elle hésite entre <u>tel ou tel</u> objet à emporter.

<u>a</u> (*avoir*) <u>du soleil plein les yeux</u> = her eyes are sparkling (with excitement, joy)...; lit.: her eyes are full of sun
<u>quasi</u> = almost
<u>regard</u> = glance, gaze
<u>tel ou tel</u> = such or such

Les jeux surtout. Il est très important de bien choisir les jeux les plus attractifs lorsqu'on part longtemps. Mais il faut <u>à tout prix</u> éviter ceux qui sont les plus <u>encombrants</u> et les plus lourds. <u>Ceux qu'elle préfère,</u> pourtant. Un choix bien difficile.

<u>à tout prix</u> = necessarily, absolutely (at all costs)
<u>encombrants</u> = cumbersome
<u>Ceux qu'elle préfère</u> (*préférer*) = (These are) those that she prefers; note than in French, as at the beginning of this same paragraph, you can have sentences without any verb

Scrabble ou Monopoly ? Jeu de loto ou <u>Saboteur</u> ? <u>Jeu de dames</u> ou tarot ? Jeu de cartes, bien sûr... Surtout ne pas oublier le jeu de cartes ! <u>De peur de ne pas y penser</u>, elle l'a déjà placé au fond de la valise.

> <u>Saboteur</u> = a smart board game invented by a Belgian, Fréderic Moyersoen, involving saboteurs and miners looking for gold in tunnels
> <u>Jeu de dames</u> = Checkers
> <u>De peur de ne pas y penser</u> = Afraid that she might forget it

© D.R.

Si Ariane <u>est</u> ainsi <u>excitée comme une puce</u>, c'est en effet parce qu'elle se prépare à partir en vacances. Un mois tout entier ! Elle était folle de joie lorsque Paul et Marie-Léa lui ont annoncé qu'ils l'emmèneraient, si elle voulait, dans la maison qu'ils avaient loué en Bretagne jusqu'en septembre.

> <u>est</u>... <u>excitée comme une puce</u> = an idiomatic expression meaning simply: is so excited; lit.: is excited as a flea

Née dans une famille aux revenus modestes, Ariane n'est encore jamais partie en vacances, en "vraies vacances", comme elle dit, et <u>elle se rend compte</u>, soudain, <u>que</u> c'était la chose au monde <u>qui lui faisait le plus envie</u>. <u>Dès qu</u>'elle a appris la bonne nouvelle, <u>elle s'est de suite penchée</u>, avec Paul, <u>sur</u> les cartes de la côte bretonne, sur les guides de tourisme qu'il a apportés, et a commencé, avec Marie-Léa, à penser à <u>ce qu'il faudrait mettre</u> dans la valise.

> <u>elle se rend compte</u> (*se rendre compte*)... <u>que</u> = she realizes... that
> <u>qui lui faisait le plus envie</u> (*faire envie*) = that she wanted/wished for the most
> <u>Dès qu'</u> (*que*) = As soon as
> <u>elle s'est de suite penchée</u>... <u>sur</u> (*se pencher sur*) = she immediately began to examine
> <u>ce qu'il faudrait</u> (*falloir*) <u>mettre</u> = what should be put in

Des vêtements, <u>certes</u>, même si Ariane, à son âge, <u>ne se pré-occupe guère de son apparence</u>, et si on a besoin de <u>si peu de choses</u> l'été : jupes et t-shirts, sandales et chaussures de marche si on décide de <u>faire des balades</u> dans la campagne <u>environnante</u>, livres, pour les jours de pluie. Et, surtout, une bonne sélection de jeux à faire en famille quand, <u>pour une fois</u>, on a le droit de vivre sans regarder l'heure. <u>Quand le temps arrête son cours</u>.

<u>certes</u> = of course, obviously

<u>ne se préoccupe</u> (*se préoccuper*) <u>guère de son appar-ence</u> = doesn't pay too much attention to her looks

<u>si peu de choses</u> = so few

<u>faire des balades</u> = to go for a walk, a little hike

<u>environnante</u> = surrounding

<u>pour une fois</u> = for once

<u>Quand le temps arrête son cours</u> = When time stops; meaning: when we no longer pay attention to what time it is

Il faudra bien, un jour, plus tard, que le temps arrête définiti-
vement son cours. Mais, pour l'instant, elle ne veut pas y penser. Pas du tout. Le sujet n'est pas d'actualité. Ce qui compte,
c'est de bien préparer ces vacances. Les toutes premières vacances. Les dernières sans doute. Ariane va célébrer le 26 août
prochain son quatre-vingt-dixième anniversaire. Une date im-
portante dans la vie d'une femme redevenue une petite fille
dans sa tête, ont réalisé ses enfants.

□

Il faudra (*falloir*) bien = It will be necessary, meaning: There will be no other choice
pour l'instant = for the time being
Le sujet n'est pas d'actualité = This is not a question
to be raised; lit.: The question is not in the news
Ce qui compte (*compter*) = That which is important/
counts
sans doute = most probably
redevenue une petite fille dans sa tête = who, in her
mind, has become a little girl again

VOCABULARY

Compte, compter...

The word *compte* and the verb *compter* are among the most used in French. *Compter* simply means "to count" and, like in English, it can be adapted to very different situations. *Compter sur quelqu'un* is the exact translation of "to count on someone". But *compter faire quelque chose* has a different meaning: "to intend to do something".

On page 24, you can see the expression *se rendre compte que*, which means "to realize", but *rendre compte de quelque chose* would mean "to report something, to give a report..."

While on page 26, *ce qui compte* can be translated as "what counts" but with the meaning "what is important."

A few differences that are important to know!

QUESTIONS

1. Où habite Ariane ? *dans une jolie maison de la vallée du Jura, appelée Beaupré*
2. Qu'est-ce qu'elle est en train de faire ? *de préparer ses bagages*
3. Qu'est-ce qu'elle trouve important d'emporter ? *des jeux*
4. Qui sont Paul et Marie-Léa ? *ses enfants*
5. Est-elle déjà partie en vacances ? *non, elle n'est encore jamais partie en vacances*

VRAI OU FAUX ?

T 1. Ariane va partir pendant un mois.
F 2. Elle part en Provence.
T 3. C'est l'été.
T 4. Le choix des vêtements ne la préoccupe pas.
F 5. Ses enfants pensent toujours beaucoup à elle.

(Answers page 118)

3. LA CURE DE DÉTOX

 Listen to the story, and read it out loud:

CELA FAISAIT LONGTEMPS que Marc n'avait pas vu son <u>co-pain</u> Fabrice. Il commençait à s'inquiéter un peu car il n'avait pas eu de réponse au dernier e-mail qu'il lui avait envoyé. Ce n'était pas un message très important, et <u>il ne se souvenait même plus</u> de ce qu'il lui avait dit. Mais ce silence était un peu bizarre. En plus sa page Facebook était complètement inactive.
    Il appelle alors un ami commun, Antoine.
- Dis-moi, <u>qu'est-ce qu'il devient</u>, Fabrice ? <u>Ça fait un bout de temps</u> que je n'ai plus de nouvelles. Il est parti <u>quelque part</u> ?

> <u>copain</u> = buddy, friend (see page 31)
> <u>il ne se souvenait</u> (*se souvenir*) <u>même plus</u> = he didn't even remember
> <u>qu'est-ce qu'il devient</u> (*devenir*) = what has become of him
> <u>Ça fait un bout de temps</u> = It's been a while
> <u>quelque part</u> = somewhere

- Ben oui, t'es pas au courant ? Il est en cure.
- En cure ? En cure de quoi ?
- De détox.

Stupéfait, Marc bafouille deux mots de remerciement, et raccroche. Une cure de détox ?! Eh bien, en voilà une histoire ! Il ne savait pas du tout que Fabrice était addict. A quoi, d'ailleurs ? Tabac ? Alcool ? Drogues ?

> Ben (*bien*) oui = Well, yes
> t'es (*tu n'es*) pas au courant ? = you didn't know?
> en cure = to be taking a cure, a course of treatment in a spa or detox centre
> bafouille (*bafouiller*) = stammers, mutters
> raccroche (*raccrocher*) = hangs up (the phone)
> en voilà une histoire ! = this is something!
> addict = addicted

Un peu vexé de ne pas avoir été au courant, il n'avait pas posé la question à Antoine. Le tabac, non, sûrement pas, il ne l'avait jamais vu fumer. Et de là à être accro. Et la drogue n'avait jamais été son truc. L'alcool, donc ?

> vexé = offended
> de là à être accro (an abbreviation for *accroché*) = to have reached the stage of being hooked on (suggesting that it is not possible) ; *accro* is a synonym of *addict* but less strong
> n'avait jamais été son truc = had never been his thing (see page 33); meaning: has never been something he was really attracted to

A cultural note

Copains, copines...

The words *copain* (masc.) and *copine* (fem.) can be a bit tricky, as they have several meanings. The more direct translation is "buddy." It can sometimes mean "friend," even if one would rather say *ami(e)* in such a case. *Les amis* are usually closer and more important in one's life than *les copains* – not always, though...

When you talk about school buddies, you say *copains de classe* (some people still use *camarades*, which is outdated today).

But the most important thing to know is that *un copain* or *une copine* is the most common word to talk about a boyfriend or girlfriend with whom one's has a romantic relationship. It is so ambiguous than the French themselves are sometimes confused. So, to be more specific, when they talk about their lover, they either say <u>mon</u> copain, <u>ma</u> copine, or they specify <u>un</u> <u>petit</u> copain, <u>une petite</u> copine, which leaves no doubt about the type of relationship. An example in this dialogue:

- *Marc, c'est ton copain, n'est-ce pas ?* = Marc is your boyfriend, isn't it?

- *Pas du tout, Marc est le petit copain de Julie ! Mon copain c'est Léo.* = Not at all, Marc is Julie's boyfriend! Mine is Léo.

To make everything even more complicated, *un petit ami* or *une petite amie* has exactly the same meaning. This formula is, however, not used much by young people.

C'est vrai que <u>ces derniers temps</u> il l'avait trouvé un peu différent, comment dire, presque moins sociable, comme s'il avait tout le temps quelque chose qui le préoccupait. <u>Il faut dire</u> que la séparation avec sa copine avait été un choc. Alors est-ce qu'<u>il se serait mis à</u> trop <u>forcer sur</u> l'alcool ?

<u>ces derniers temps</u> = lately, recently

<u>Il faut dire</u> = One must admit, acknowledge; lit.: one must say

<u>il se serait mis à</u> (conditional perfect of *se mettre à*) = he is thought to have begun/started to; the use of the conditional perfect tense indicates that it is a supposition and not a certainty (see also page 73 for the verb *se mettre à*)

<u>forcer sur</u> = to overdo

Avec les copains, <u>il avait la descente facile</u> et ne refusait jamais un verre quand <u>l'occasion</u> se présentait. Mais pour aller en cure de détox <u>il faut que ce soit</u> vraiment grave.

<u>N'y tenant plus</u>, il rappelle Antoine.

- C'est encore moi. J'ai oublié de te demander si tu as un numéro où je pourrais appeler Fabrice, puisqu'il ne répond plus aux e-mails ?

<u>il avait la descente facile</u> = he liked to drink and indulged readily

<u>l'occasion</u> = the chance, the opportunity

<u>Il faut que ce soit</u> (subjunctive of *être*) = It has to be (see also page 87)

<u>N'y tenant plus</u> (*tenir*) = Being very impatient to know

- Oui bien sûr. <u>Le voici</u>. C'est un numéro en Thaïlande. Attention, on a 6 heures de moins.
- En Thaïlande ?!
- <u>Sawatdee kha</u> ! C'est une douce voix de femme qui répond. Heureusement elle parle un peu anglais, et appelle Fabrice.

<u>Le voici</u> = Here it is
<u>Sawatdee kha</u> = Bonjour, in Thai (for a woman)

VOCABULARY

Speaking of things

The French have an interesting selection of words to say "things", and most of the time they are interchangeable. The most literal, and formal, translation of "thing" is *chose* (fem.), but there are several others, familiar but widely used. In the last sentence of page 30 one can read *truc* (masc.) – a tricky word as it also means "trick." The the other more commonly used by the French, all masculine, are *trucmuche*, *machin*, a word that General de Gaulle used once when referring to the United Nations, *machin chouette* and *bidule*. When someone wants to talk to a friend about something that they can't remember the name of, they might say: *Tu ne vois pas ce que je veux dire ? Ce truc-machin chouette-chose-bidule-trucmuche...* = Don't you see what I mean? This thingamajig.

- Bonjour. Ah c'est toi Marc, ça fait plaisir ! Comment tu vas ?
- Ben moi, je vais bien... C'est plutôt toi... Tu as... été malade ?
- Malade, moi ? Non, pourquoi ? Ah oui je vois, on t'a parlé de la cure de détox !
- Oui, c'est Antoine...

> Ben moi, je vais bien = Well, I am fine; here the inter-
> jection *ben* expresses Marc's surprise that Antoine
> has asked him such a question

- C'est vrai, je viens de suivre une remarquable cure mi-zen mi -détox dans un spa génial au nord de la Thaïlande : nourriture végétarienne bio, yoga, méditation, massages...
- Et l'alcool, alors, tu arrives à t'en passer ?
- L'alcool ? Pourquoi je m'en passerais ? Il y a de super bonnes bières par ici, et on trouve des vins de tous les pays...

> un spa génial = a wonderful/an amazing spa (see
> page 35)
> bio = organic
> tu arrives à t'en passer (*se passer de*) = can you man-
> age to do without it; see also page 17 (*arriver*)

VOCABULARY

Génial !

This adjective that appears on page 34 is quite often used by the French, but its meaning is rather different from what one would think, even if the word from which it derives, *génie* (masc.) usually means the same: "genius" except when it refers to what the English would call "engineering." Ex.: *Le génie civil.* = Civil engineering.

As regards the adjective, *génial*, it has several meanings:

–Very often, it expresses admiration or enthusiasm: "so great," "wonderful," "amazing,", "awesome," like on page 34.

–Sometimes, however, it is much less emphatic, meaning simply "great," "nice". Ex.: *Alors tu peux me rejoindre ce soir ? Génial !* = So you can join me tonight? Great!

–When used to qualify a person, it means "brilliant," "fantastic:" *J'adore ta mère, elle est géniale !* = I love your mom, she is brilliant!

- Je ne comprends pas... Ce n'est pas une cure de désintoxication à l'alcool que tu as fait ?
- Ha ha, <u>je vois</u> ! Bien sûr que non ! La détox ici, c'est une cure
de santé. <u>Déjà excellent</u>. Mais surtout, pour moi, quand je parle
de détox, c'est que <u>ça fait 2 mois</u> que <u>j'ai laissé tomber</u> ordi,
iPad et iPhone. Complètement déconnecté. Et alors là, si tu sa-
vais, <u>comme ça fait du bien</u> ! Tu ne veux pas venir essayer ?   □

<u>je vois</u> (*voir*) = I see (what you mean, in this context)
<u>Déjà excellent</u> = (It is) already very good, superb
<u>ça fait 2 mois</u> = it has been 2 months
<u>j'ai laissé tomber</u> (*laisser tomber*) = I gave up with (see
also page 97)
<u>ordi</u> (*ordinateur*) = computer
<u>comme ça fait du bien</u> = how good it feels

© DR

QUESTIONS

1. Qui sont Marc et Fabrice ? *Ils sont copains.*
2. Pourquoi Marc s'inquiète-t-il au sujet de Fabrice ? *parce que ils n'a plus de nouvelle de lui depuis longtemps.*
3. Qui est Antoine ? Qu'explique-t-il à Marc ?
4. Qu'est-ce que Marc s'imagine ? *que Fabrice est alcoholic*
5. Que raconte Fabrice ? *il est encore en Thailande pour ordi, iPad, Iphone*

Antoine est un ami de Marc et Fabrice. Il explique que Fabrice est encore de détox.

VRAI OU FAUX ?

1. Fabrice répond toujours à a ses e-mails. *F*
2. Antoine sait où il est. *T*
3. Marc est alcoolique. *F*
4. Fabrice est parti en Asie. *T*
5. Il est complètement déconnecté de son ordinateur et iPhone. *T*

(Answers page 119)

4. RETOUR AU MOYEN-ÂGE

 Listen to the story, and read it out loud:

JE MARCHE <u>À TÂTONS</u>, dans le noir. Comment ai-je pu oublier de poser mon iPhone sur ma <u>table de chevet</u>, hier soir ? Heureusement, les lumières de l'ordinateur et de l'imprimante m'éclairent suffisamment <u>pour que j'y voie un peu</u>. Je vais sûrement le trouver à côté de l'<u>ordi</u>. <u>J'ai</u> longuement <u>chatté</u> hier soir avec ma <u>copine</u> Valérie, et quand je skype sans webcam, j'aime bien m'amuser à faire un petit <u>solitaire</u> sur l'iPhone pour m'occuper les doigts.

<u>à tâtons</u> = by feeling my way; *tâter* = to feel, to grope
<u>table de chevet</u> = nightstand
<u>pour que j'y voie</u> (subjunctive of *voir*) <u>un peu</u> = so that I can see a little
<u>ordi</u> (*ordinateur*) = computer
<u>J'ai</u>... <u>chatté</u> (*chatter*) = I chatted; this is an example of new verbs that the French invent, and how they conjugate them, when they adopt English words (idem for the verb *skyper* in the following sentence)
<u>copine</u> = friend (female) (see also page 31)
<u>solitaire</u> = the game of Solitaire played on an app

Il est 5h 30 du matin, le moment où j'ai l'habitude de vérifier les emails arrivés pendant la nuit. Je pourrais aussi le faire sur mon iPad mini, mais il est un peu plus lumineux et je crains de réveiller Jacques. Lui, il dort profondément, ses <u>écouteurs</u> blancs dans les oreilles - il se branche toujours sur Tunein vers 5h, et <u>ça le rendort très vite</u>.

> <u>écouteurs</u> = earphones/buds
> <u>ça le rendort</u> (*se rendormir*) <u>très vite</u> = that makes him to go back to sleep very quickly

---

--- GRAMMAR TIP---

The prefixes of repetition

Verbs like *se rendormir* above, *se recoucher* and *reprendre* on page 41, such as others in this book, are typical examples of the way repetition is expressed in French by adding the prefixes *re, ra, r* or *ré* to verbs. When the verb starts with a consonant, "*re*" is mostly used: *revenir* (to come again), *revoir* (to see again), *redire* (to say again), *refaire* (to do/make again); sometimes it is "*ra*": *rafraîchir* (to refresh), or *ré*: *réchauffer* (to reheat). When it starts with a vowel, the prefix is often the letter "*r*": *rajouter* (to add again), *rapporter* (to bring again), *rasseoir* (to seat again), *rouvrir* (to open again) and sometimes "*ré*": *réapprendre* (to learn again). NOTE that many other verbs starting by "*re*" have nothing to do with repetition, such as *renoncer* on page 41 or *se relaxer* on page 43.

<u>Quand j'aurai trouvé</u> mon iPhone, sans faire de bruit, <u>je me recoucherai</u> et je cliquerai sur "Mail". Amazon, des <u>pubs</u> de compagnies aériennes, il n'y aura <u>sans doute pas grand-chose</u> d'intéressant, comme toujours. Mais je n'aurai plus sommeil. <u>Je renoncerai</u> à me brancher sur une radio (trop nulles, les émissions de la nuit), et ouvrirai mon Kindle White pour <u>reprendre la lecture</u> de mon roman, en attendant le petit matin.

<u>Quand j'aurai trouvé</u> (future perfect of *trouver*) = When I will have found

<u>pubs</u> (*publicités*) = ads

<u>sans doute</u> = certainly, most probably

<u>pas grand-chose</u> = not much

<u>je me recoucherai</u> (*se recoucher*) = I will go back to bed (see page 40)

<u>Je renoncerai</u> (*renoncer*) = I'll give up (see page 40)

<u>reprendre la lecture</u> = to go back to reading; lit.: to take up reading again (see page 40)

Au <u>petit déj</u>, on partagera comme toujours notre vie de vrai couple : lui sur son iPad, moi sur mon mini, on lira tous les deux les derniers numéros du *Monde*. Puis on s'installera chacun sur son ordi et on commencera la journée de travail. La seule interruption sera celle du lunch, où, là encore, nous <u>reprendrons</u> nos tablettes.

<u>petit déj</u> (*petit déjeuner*) = breakfast

<u>nous reprendrons</u> = we'll take again (see page 40)

Puis, le soir venu, celui qui fera la cuisine écoutera la radio dans ses <u>oreillettes</u> <u>tandis que</u> l'autre écrira quelques emails, ou chattera un moment.

> <u>oreillettes</u> = little earpieces or earbuds
> <u>tandis que</u> = while (see below)

--- GRAMMAR TIP---

Several expressions to say "while"

The locution (*locution conjonctive*) *tandis que**, seen above, is one of the translations of the conjunction "while". There are several others, with a few nuances.
A few examples will help to see the difference:
–*Pendant que tu téléphonais, j'ai démarré la voiture.* = While you were on the phone (during the time you were on the phone), I started the car.
–*Alors qu'il faisait si chaud chez moi, on gèle ici ! =* While it was so hot at home, it's freezing here! *Alors que* often indicates that there is an opposition.
–*Même si/Bien que je l'aime, ses manies m'énervent.* = While I love him (even though/although I love him), his habits get on my nerves. *Même si* is followed by a verb in the indicative and *bien que* by a verb in the subjunctive.

——

*Tandis que is close to *pendant que* but it is used more often in literature.

Ce sera seulement après dîner qu'on pourra vraiment se relaxer, brancher l'ordi sur l'écran plat géant avec le cable HDMI, et nous <u>visionner</u> un film, un documentaire, <u>ce qui nous chantera</u>, pendant qu'on rechargera les iPhone - qu'il ne faudra pas oublier ensuite de <u>remettre à leur place</u> près du lit pour la nuit.

La vie est belle, me disais-je hier encore, lorsque j'évoquais <u>avec effroi</u> le temps où nous n'avions ni téléphone ni télévision. "Tu as vécu au <u>Moyen-âge</u>, mamy", m'avait dit Louis, mon petit-fils, tandis qu'il m'initiait au Windows 8.

<u>visionner</u> = to watch

<u>ce qui nous chantera</u> (*chanter*) = whatever will make us happy; *chanter* is a synonym for *dire* in the expression: *ça vous dit...?* = Would it make you happy...?

<u>remettre à leur place</u> = to put them back in their place (see page 40 about such verbs of repetition)

<u>avec effroi</u> = with stupefaction

<u>Moyen-âge</u> = Middle Ages

© *Thomas III de Saluces, 1400.*

A market in the Middle Ages.

Mais hier c'était hier, et aujourd'hui est un autre jour. Ce matin, je suis privée de mon iPhone, absent de tous les lieux où je le cherche. Et soudain, comment dire, il se passe quelque chose en moi. Une idée folle me traverse la tête... Et si je me déconnectais ?

> je suis privée de = I am deprived of
> comment dire = how could I say
> si je me déconnectais ? (*se déconnecter*) = what if I were to stop using any electronic devises? Lit.: what if were to unplug myself (see page 45)

Si j'arrêtais de surfer, de chatter, de tripoter ces machins électroniques qui m'apportent quoi, finalement ? Si je reprenais la vie d'avant, celle où j'étais libre de me balader où je voulais sans être dérangée par un sms ou un appel ? Si je lisais un livre, ou un vrai journal, en papier, sur un banc public, comme autrefois ? Si je me mettais à coudre, peindre, ou dessiner ?

> tripoter = to play with, to finger
> machins = things (see also page 33)
> finalement = in the end, eventually
> me balader (*se balader*) = to stroll, to go for a walk
> sms = text; the French also say *texto*
> banc public = public bench
> Si je me mettais à (*se mettre à*) coudre = What if I were to start sewing (see page 45, and also page 73 for the verb *se mettre à*); *coudre* = to sew

--- GRAMMAR TIP---

How and when to use "*si*"?

Either a conjunction or an adverb depending on the context, "*si*" is one of those little words that are used a lot in the French language, and it is important to know how and when to use them.

<u>As a conjunction</u>, *si* mainly means "if," "whether," or "what if/what about", and it is used as in English. Most of the time, it indicates:

–An eventuality, in such case is it followed by a verb in the present tense:

Si tu viens, tu peux m'apporter du pain ? =
If you're coming, can you bring me some bread?

–An hypothesis; in this case the 1st verb following it is in the imperfect, the 2nd one in the conditional:

Si je pouvais, je quitterais ce pays. = If I could, I'd leave this country.

–A suggestion, like in all the paragraphs on page 44:

Si je... ? The verb that follows in in the imperfect:

Si j'arrêtais de... ? = What if I were to stop...?

<u>As an adverb</u>, *si* means:

–"so" and it is a synonym of *tellement*:

"Il fait si/tellement froid aujourd'hui !" =
It's so cold today!

–"Yes" as an answer to a negative question:

Tu ne viens pas demain ? Si, je viens ! =
You're not coming tomorrow? Yes, I'm coming!

Ma décision est prise : je vais m'émanciper de toutes ces nouvelles technologies, retourner aux jours heureux du Moyen -âge… Un jour par mois, peut-être, pour commencer. Histoire de voir.   □

> je vais m'émanciper de (*s'émanciper*) = I'm going to become independant from (being dependent on...)
> retourner = to go back; this verb has several meanings, one of them is "to turn over": in such a case it expresses repetition (see page 40)
> Histoire de voir = Just as an attempt; meaning: time will tell

p.120

QUESTIONS

son iPhone pendant la nuit

1. Que cherche la narratrice au début de l'histoire ?
2. Qui est Valérie ? Qu'est-ce qu'elle a fait avec elle ?
3. Citez quelques habitudes du couple.
4. Qu'a fait le petit-fils de la narratrice, et qu'est-ce qu'il a dit ?
5. Que décide de faire la narratrice à la fin de l'histoire ?

l'a initiée W indows8 et lui a dit qu'elle vivait au Moyen-age

Elle décide de s'émanciper les electroniques et au lieu de ca lire un vrai livre, etc.

VRAI OU FAUX ?

T 1. La narratrice fait un jeu de solitaire pendant qu'elle skype.
T 2. Elle lit ses e-mails dès qu'elle se réveille le matin.
F 3. Elle écoute la radio pendant la nuit.
F 4. Avant de se coucher chaque soir, la narratrice laisse son smartphone sur son bureau.
F 5. Elle va jeter tous ses appareils électroniques.

(Answers page 120)

5. OBJETS INANIMÉS

 Listen to the story, and read it out loud:

AI-JE RÊVÉ ? J'entends une voix inconnue qui me parle. Les bras chargés d'objets <u>hétéroclites,</u> je m'arrête, et écoute.

- Non, <u>mais tu ne vas tout de même pas me jeter</u> ! Pas moi ! Depuis le temps que nous sommes ensemble, tu ne vas pas <u>te débarrasser de moi</u> comme ça, <u>tu n'as pas honte</u> ?

<u>hétéroclites</u> = varied, motley

<u>mais tu ne vas tout de même pas me jeter</u> = you're not going to throw me away; here *mais* (but) suggests both surprise and discord (see page 55 about the expression *tout de même*)

<u>te débarrasser de moi</u> = to get rid of me, to throw me out

<u>tu n'as pas honte ?</u> = are you not ashamed?

Je crois que je suis en plein délire. Il faut que je me repose un moment. Je m'écroule sur le seul meuble restant au salon, le vieux clic-clac, qui partira bientôt à la déchetterie comme les autres. Mais la voix reprend.

- Tu te souviens où tu m'as achetée ? C'était sur ce petit marché, en Inde, juste après ton arrivée, il y a plus de 30 ans de cela. Tu m'avais trouvée si jolie. C'était ton premier achat dans ce pays que tu découvrais, et tu tenais à moi comme à la prunelle de tes yeux ! J'étais avec mes sœurs, d'autres petites coupelles en bois comme moi, faites main avec amour par une jeune femme du village…

Je m'écroule (*s'écrouler*) = I collapse
clic-clac = sofa bed
déchetterie = rubbish, garbage dump
il y a plus de 30 ans de cela = it was more than 30 years ago
tu tenais (*tenir*) à moi comme à la prunelle de tes yeux = I was very precious to you; lit.: I was as precious to you as is the pupil of your eyes (see page 52 for the verb *tenir*)
coupelles = small cups or bowls
faites main = handmade

© DR

- <u>Et moi alors ?</u> Moi aussi <u>tu tenais tant à moi</u>, tu étais si heureuse de m'acheter <u>lors de</u> ton voyage en Egypte, tu voyais en moi tout un symbole, tu m'as porté longtemps à ton bras, et tu me montrais à tout le monde en disant que j'étais ton plus joli bracelet. Alors moi aussi, <u>je suis bon pour la poubelle</u> maintenant ? Tu ne m'aimes plus ?"

<u>Et moi alors ?</u> = And what about me then?
<u>tu tenais tant à moi</u> = you were so attached to me, you really liked me (see page 52)
<u>lors de</u> = during
<u>je suis bon pour la poubelle</u> = I mean nothing more to you than something you would throw in the garbage

Et <u>voilà</u> que des larmes apparaissent à mes <u>paupières</u>. Non ! Je ne vais pas <u>m'attendrir</u> pour de vieux <u>trucs</u> complètement usés et sans aucune valeur dont je ne sais pas quoi faire ! Il faut pourtant bien finir ce <u>foutu</u> déménagement, vider la maison et les <u>placards</u> de l'incroyable <u>bazar</u> accumulé depuis des années, éviter de remplir le <u>garde-meubles</u> de choses inutiles…

<u>Et voilà</u> = And then
<u>paupières</u> = eyelids
<u>m'attendrir</u> = to be touched, to become soft-hearted
<u>trucs</u> = things (see also page 33)
<u>foutu</u> = bloody, damn
<u>placards</u> = cupboards
<u>bazar</u> = stuff
<u>garde-meubles</u> = storage unit

VOCABULARY

The verb *tenir*

This is another of those French verbs that have dozens of different meanings. There are way too many to give a full list, and the meaning varies according to the preposition or adverb that follows, or if the verb is reflexive (*se tenir*). Here are just a few of them: "to hold," "to take/to grasp," "to keep," "to manage/run," "to take place," "to remain/to stay/to settle," "to make sense," to behave," etc.
And as you could see on page 50 and 51,
tenir à often means "to be attached to"...

Here are a few examples to help understand how it is used:
–*Elle tient un parapluie.* = She holds an umbrella.
–*Les amoureux se tiennent par la main.* = Lovers hold each other by the hand.
–*Tiens la rampe, ça glisse !* = Hold the handrail, it's slippery!
–*Il tient son chien en laisse.* = He keeps his dog on a leash.
–*L'histoire se tient au XXe siècle.* = The story takes place in the 20th century.
–*Ma femme tient le magasin.* = My wife manages the shop.
–*La neige tient bien.* = The snow is holding up/staying well.
–*Cette preuve ne tient pas.* = This proof doesn't make sense.
–*Tiens-toi bien en classe !* = Behave in the classroom!

<u>Note</u> that as an exclamation, *Tiens* means "Well, well":
Tiens, tu es déjà là ? = Well, well, you are already here?

Mais comment rester sans réponse ?

<u>Heureusement, je suis seule</u>. Je prends ma plus gentille voix :

- Non, ne dites pas cela, je vous ai beaucoup aimés tout le temps et je vous ai utilisés le plus souvent possible ! Mais vous savez, mes valises sont pleines, et je n'ai plus beaucoup de place dans les <u>cartons</u>…

<u>Heureusement, je suis seule</u> = Fortunately, I am alone (meaning that she would be ashamed to talk to objects if there were other people with her)

<u>cartons</u> = boxes (made of carboard: *carton*)

- Tu ne vas pas dire qu'on prend de la place ? <u>Il n'y a pas plus petits que nous</u>…
- <u>Et moi alors ?</u>
- Et moi ?..."

Maintenant c'est toute la maison qui <u>résonne</u> des cris des objets abandonnés, <u>enfin</u> c'est ce que je crois entendre, je ne sais plus. J'ai l'impression que je vais devenir folle.

<u>Il n'y a pas plus petits que nous</u> = Nothing is smaller than we are

<u>Et moi alors ?</u> = And what about me?

<u>résonne</u> (*résonner*) = to resonate

<u>enfin</u> = at least

Après avoir <u>emballé</u> <u>minutieusement</u> la petite coupelle in-
dienne et le bracelet égyptien dans un dernier carton, et entendu leurs <u>soupirs</u> de satisfaction, j'essaie de terminer <u>la dernière</u>
<u>lessive</u>.

Et là, même chose, c'est la révolution. La machine à laver,
toujours si rapide, <u>a pris plus de deux heures</u> à faire la lessive,
et le <u>séchoir à linge</u> <u>m'a rendu du linge tout mouillé</u>.

<u>emballé</u> = packed
<u>minutieusement</u> = meticulously
<u>soupirs</u> = sighs
<u>la dernière lessive</u> = the last washing (laundry)
<u>a pris</u> (*prendre*) <u>plus de deux heures</u> = took more than
two hours
<u>séchoir à linge</u> = dryer
<u>m'a rendu</u> (*rendre*) <u>du linge tout mouillé</u> = the laun-
dry was still all wet; lit.: gave me back the laundry
totally wet

Et dans la cuisine, la <u>gazinière</u> refuse de s'allumer. <u>Je vais</u>
<u>craquer</u>. <u>Il est temps de passer à autre chose</u>. J'appelle mon ma-
ri en lui disant que je suis prête, et nous repartons ensemble à
la déchetterie, pour la <u>énième</u> fois.

<u>gazinière</u> = gas stove
<u>Je vais craquer</u> = I am going to lose it, to fall apart
<u>Il est temps de passer à autre chose</u> = It is time to go
on to something else
<u>énième</u> = umpteenth

Il pleut sur les objets <u>entassés</u> dans le pick-up. <u>Il pleut dans mon cœur</u>. Et je me souviens de cette phrase d'un poème d'Alphonse de Lamartine : *Objets inanimés, avez-vous donc une âme ?*...   □

<u>entassés</u> = piled up
<u>Il pleut</u> (*pleuvoir*) <u>dans mon cœur</u> = I am very sad; lit.: it's raining in my heart
<u>Objets inanimés, avez-vous donc une âme ?</u> = Inanimate objects, do you have a soul?

VOCABULARY

Tout de même... quand même...

On the first page of this story, as well as later in the book, you see the popular expression *tout de même*, a synonym of *quand même*, that the French use even more frequently in a conversation. Depending on the context, and the tone used, these two expressions can have several meanings, but there is not a good literal translation in English. Very often they express a mix of surprise and disagreement, like on page 49. Then it could be translated by "no way", or "no kidding." Another common meaning is: anyway.
Ex.: *Il pleut mais je vais quand même/tout de même faire les courses.* = It's raining but I'm going shopping anyway.
But most of the time, the French use them, and more particularly *quand même*, simply to emphasize what they're saying: *Il est quand même super mon job.* = Frankly, my job is truly great.

[handwritten: La narratrice de est en train de trier les meubles et objects qui vont ensuite partir à la déchetterie (rubbish)]

QUESTIONS

[handwritten: L'histoire se situe dans une maison avant un déménagement]

1. Où, et dans quelles circonstances, se situe cette petite histoire ?
2. Que fait la narratrice ?
3. Qui lui parle ? *[handwritten: une coupelle en bois et un bracelet]*
4. Qu'est-ce qui se passe avec les appareils ménagers ? *[handwritten: ne fonctionnent plus très bien ou tombent en panne]*
5. Qu'est-ce qu'elle ressent ?

[handwritten: beaucoup de tristesse d'abandonner toutes ces choses qu'elle aimait bien.]

VRAI OU FAUX ?

1. La narratrice entend son mari qui lui parle. *[F]*
2. Elle avait acheté un bracelet en Egypte. *[T]*
3. Elle a l'impression de devenir folle. *[T]*
4. Elle est bien contente de se débarrasser de tous ses objets. *[F]*
5. Elle part à la déchetterie avec son mari. *[T]*

(Answers page 121)

6. PLAISIR D'AMOUR

 Listen to the story, and read it out loud:

PLAISIR D'AMOUR ne dure qu'un moment,
<u>*Chagrin d'amour*</u> *dure toute la vie...*

Cette vieille chanson française qui passait <u>en boucle</u> sur le <u>lecteur CD</u> de la dame très âgée qui habitait juste à côté de l'arbre le <u>subjuguait</u>. C'était le milieu de l'été, et cette dame restait des heures assise près de la fenêtre à écouter des <u>airs</u> d'autrefois. Mais celui-là l'<u>avait frappé</u> plus que les autres. <u>Au point qu'</u>il n'avait pas hésité à <u>se l'approprier</u> et à <u>le reprendre à tue-tête</u>.

<u>c</u>hagrin d'amour = heartache
<u>en boucle</u> = in a loop
<u>lecteur CD</u> = CD player
<u>subjuguait</u> (*subjuguer*) = captivated, enthralled
<u>airs</u> = tunes
<u>avait frappé</u> = had struck
<u>Au point qu'</u> (*que*) = To such an extent that
<u>se l'approprier</u> = to make it his own
<u>le reprendre à tue-tête</u> = to repeat it, to sing it at the top of his voice

---

- Qu'est-ce que <u>tu nous chantes</u> maintenant ? C'est trop bizarre ces paroles, les voisins vont <u>se demander</u> ce qui se passe, et ça <u>perturbe</u> les enfants !

   <u>Décidément</u>, la compagne de sa vie ne le comprendrait jamais. Pourtant, elle savait qu'il était un grand romantique, et elle avait bien aimé ça quand ils étaient jeunes tous les deux et qu'<u>il lui avait déclaré sa flamme</u>.

> <u>tu nous chantes</u> = play on words: means both "are you singing?" and "what fairytales are you telling us?"
>
> <u>se demander</u> = to wonder
>
> <u>perturber</u> = to disturb/bother
>
> <u>Décidément</u> = Clearly, obviously
>
> <u>il lui avait déclaré sa flamme</u> = he had declared his love to her

A French song written in 1784, and still well-known by the French.
It has been sung by many famous singers, including Joan Baez.

<u>Elle ne s'était jamais plaint</u> de tous les chants qu'il lui <u>ga-</u><u>zouillait</u> pour la séduire. C'était le plus charmeur de tous les galants, et elle avait très vite succombé à ses belles <u>ritournelles</u>.

> <u>Elle ne s'était jamais plaint</u> = She had never complained
> <u>gazouiller</u> = to sing very softly to one's lover; and also "to chirp", for birds
> <u>ritournelles</u> = tunes

A cultural note

These old French songs

The song introducing this short story is a good example of how French people are attached to the old tunes that they heard their parents and grand-parents playing on the record player when they were young. *Plaisir d'amour* was written in 1784, five years before the Revolution, and it is still well-known, at least by the generation of baby boomers. It's the same as with many others, such as *Les feuilles mortes* written by Jacques Prévert and Joseph Kosma in 1946, and there is even a radio station, called *Radio Nostalgie*, that plays only old standards. However, the songs the French like the most are not necessarily the ones sung by internationally known singers such as Edith Piaf. Many people will even tell you that they cannot stand such all-too-well-known music anymore, now more popular only among foreigners, and they would encourage you to discover the numerous and excellent singers of the new generation – with which we fully agree!

Mais les années avaient passé, et <u>le souffle de la passion</u> <u>s'était éteint</u>. Elle était désormais trop occupée avec sa <u>couvée</u> très agitée, et passait tout son temps à rendre paisible et confortable le petit <u>nid</u> familial. <u>Quant à lui</u>, il avait pris <u>autant</u> d'âge <u>que</u> de <u>bedaine</u>, et elle préférait qu'il parte en quête de nouvelles <u>victuailles</u>, et qu'il l'aide à réparer les <u>dégâts</u> causés à leur <u>gîte</u> par les fréquentes intempéries, <u>plutôt que</u> de lui <u>chantonner</u> des sérénades.

<u>le souffle de la passion s'était éteint</u> = the flame of passion had waned

<u>couvée</u> = brood

<u>nid</u> = nest

<u>Quant à lui</u> = As for him, as regards him

<u>autant</u>... <u>que</u> = as much... as

<u>bedaine</u> = paunch

<u>victuailles</u> = food

<u>dégâts</u> = damage

<u>gîte</u> = home/dwelling, in this context

<u>plutôt que</u> = rather than

<u>chantonner</u> = to hum

D'amour, il n'était donc plus question, et il brillait plus par son silence que par ses talents de vocaliste. Jusqu'à ce qu'il commence à chanter cet étrange refrain, très éloigné de son répertoire habituel.

> D'amour, il n'était donc plus question = Therefore, it was no longer a question of love; note how the sentence begins with the object of the verb, often used as a literary device
> brillait (*briller*)... par son silence = was conspicuous... by his silence; *briller* usually means "to shine"
> Jusqu'à ce qu' (*que*) = Until
> refrain = chorus

- Je m'en fiche de ce que pensent les voisins ! Et je ne vois pas en quoi ça perturberait les enfants...
- C'est trop négatif, ce chagrin d'amour qui dure toute la vie. Il ne faudrait pas qu'ils n'aient que ça en tête quand ils prendront leur envol !

> Je m'en fiche (*s'en ficher*) = I don't care (see page 62)
> je ne vois pas en quoi = I don't see how
> qu'ils n'aient (subjunctive of *avoir*) que ça en tête = that they have only that in mind (this idea that a heartache lasts for an entire life)
> ils prendront (future of *prendre*) leur envol = they will leave the nest

VOCABULARY

Several ways to say "I don't care"

There is a multitude of ways in French to say that you
cannot care less, some more polite than others... Therefore, it
is important to know which ones are preferable to use!
The most polite is *ça m'est égal*. Ex.: *Vin blanc ou rouge,
ça m'est égal, j'aime les deux !* = White or red wine,
I don't care, I like both!
The more common, familiar but not too bad,
is the one you can see on page 61: *Je m'en fiche*.
A similar one, also very common but which has
a slight vulgar connotation is: *Je m'en fous*.
Other familiar synonyms, not very polite if you say them
directly to a person who suggests something to you, but
not vulgar as such, are: *Je m'en contrefous, je m'en moque,
je m'en balance, je m'en contrebalance, je n'en ai rien à cirer.*
We spare you the more vulgar ones...

NOTE that *ça in* the first expression, and the pronoun *en*
in all the others, refer to what is in question, replacing
the unsaid "about it" in English:
Ça m'est égal/Je m'en fiche = I don't care (about it).

Très vite, <u>il avait renoncé à poursuivre</u> la conversation. <u>Elle avait toujours le dernier mot</u>. Mais il avait commencé à <u>concentrer sa pensée</u> sur le début de la chanson : *Plaisir d'amour*.

<u>il avait renoncé</u> (*renoncer*) <u>à poursuivre</u> = he had given up continuing with/to go on with
<u>Elle avait toujours le dernier mot</u> (*avoir le dernier mot*) = She always had the last word
<u>concentrer sa pensée</u> = to focus his thoughts

<u>Que restait-il du plaisir</u> dans la routine qui <u>s'était installée</u> entre eux ? Rien. <u>C'est alors</u> qu'il a entendu une jolie petite voix venue d'un coin du jardin :
- Vous ne chantez plus ? J'aimais <u>tant</u> votre nouvelle mélodie !

<u>Que restait-il du plaisir</u> = What was left of pleasure/ enjoyment
<u>s'était installée</u> (*s'installer*) = had set in
<u>C'est alors</u> = This is when
<u>tant</u> = so much

Il n'en fallait pas plus pour qu'il ait envie de se remettre à batifoler. Plaisir d'amour ne dure guère, mais il est si bon à prendre, pensait le fringant rossignol, tout à son bonheur. Et tant pis pour les lendemains qui déchantent...

□

> Il n'en fallait (imperfect of *falloir*) pas plus pour qu'il ait (subjunctive of *avoir*) envie de se remettre à batifoler = It was enough (lit.: nothing more was needed) for him to feel like he should start flirting again (see also page 73 for the verb *se remettre à*)
> ne dure (*durer*) guère = doesn't last long
> fringant = elegant and very dashing
> rossignol = nightingale
> Et tant pis pour les lendemains qui déchantent (*déchanter*) = And too bad for the tomorrows full of disillusion (when reality sets in)

QUESTIONS

1. D'où vient la musique entendue au début de cette petite histoire ? *La musique vient du lecteur CD d'une dame très âgée*

2. Qui est le personnage principal, et comment réagit-il en entendant cette musique ? *Un rossignol ; quand il entends cette chanson, il se met à la chanter très forte*

3. Comment réagit sa femme ?

4. En quoi leur relation a évolué ? *Leur relation n'est pas romantique.*

5. Qui lui parle à la fin de l'histoire, et quelle réaction cela provoque-t-il en lui ? *une femelle oiseau lui parle en lui disant qu'elle avait beaucoup le nouvelle mélodie. On comprend qu'il est en train de tomber*

▷ P.122 **VRAI OU FAUX ?** *amoreux d'elle.*

1. Une vieille dame chante une chanson française. *F*
2. Le personnage principal est un grand romantique. *T*
3. Sa femme est très occupée avec les enfants. *T*
4. Elle aime beaucoup sa nouvelle chanson. *F*
5. Ils habitent dans un arbre. *T*

(Answers page 122)

7. LE SECRET DE FAMILLE

 Listen to the story, and read it out loud:

QUI DIT FAMILLE DIT SECRETS DE FAMILLE, c'est bien connu. Tout aussi connu est le sort qui est réservé à ces secrets de famille, dont on dit que ceux qui les ont vécus, et cachés, les emportent avec eux dans la tombe. De sorte qu'ils ne seront jamais révélés.

Qui dit famille dit secrets de famille = Talking of family implies that there are family secrets (see page 68)

Tout aussi connu = Equally well-known

sort = fate

ceux = those (the persons)

les emportent (*emporter*) avec eux dans la tombe = keep them secret until they die; lit.: bring them with them in the grave

De sorte qu' (*que*) = So that

Les romans et les films en sont remplis, quel beau sujet d'inspiration pour les écrivains et cinéastes que ces zones d'ombre, ces silences, ces non-dits, répandus dans tant de familles ! Sauf dans la mienne. C'est du moins ce que je croyais, jusqu'à ce jour-là.

---

en sont remplis = are full of them (the secrets)
que ces zones d'ombre = that these shadowy zones
non-dits = unsaid things, secrets
répandus = widespread, omnipresent
la mienne = mine (my family)
du moins = at least
jusqu'à ce jour-là = until that day

VOCABULARY

Qui dit... dit

Qui dit... dit seen on page 67 is an interesting construction with the verb *dire* (to say) that suggests that one idea automatically implies/brings up another one. The French use it quite often, sometimes in a rather ironic way, sometimes more seriously.

Here are a two typical examples of how it is used:

–*Qui dit travail dit fatigue.* = Working implies tiredness.

–*Qui dit bonnes études dit avenir assuré.* = Good studies imply a guaranteed future.

Bizarrement, c'est quand ma mère a commencé à perdre la mémoire qu'<u>elle s'est mise à lever le voile sur</u> des faits qui m'étaient totalement inconnus et <u>ont attisé</u> ma curiosité. Comme toutes les personnes âgées frappées du même <u>mal</u>, <u>la plupart de</u> ce qu'elle disait n'avait plus aucun sens.

> <u>elle s'est mise</u> (*se mettre*) <u>à lever le voile sur</u> = she began to lift the veil on (see also page 73)
> <u>ont attisé</u> (*attiser*) = have aroused, stirred; *attiser* primarily means to fan (a fire)
> <u>mal</u> = illness (a failing memory in this context)
> <u>la plupart de</u> = most of

<u>Alors</u>, quand j'allais la voir le dimanche après-midi, je la laissais parler sans, <u>je l'avoue</u>, trop l'écouter, <u>me contentant de</u> <u>hocher</u> de temps en temps <u>la tête</u> en signe d'<u>approbation</u>.

Jusqu'à ce jour-là. Ce jour-là <u>elle avait de la visite</u>. Auprès d'elle était assise une dame que je ne connaissais pas, <u>à peu près</u> du même âge qu'elle, avec qui elle était en <u>pleine</u> conversation.

> <u>Alors</u> = So, therefore
> <u>je l'avoue</u> (*avouer*) = I must confess it
> <u>me contentant</u> (present participle of *se contenter*) <u>de</u> = doing nothing other than; lit.: being satisfied with
> <u>hocher</u>... <u>la tête</u> = to nod
> <u>approbation</u> = approval
> <u>elle avait de la visite</u> = she had a guest
> <u>à peu près</u> = about, around
> <u>pleine</u> = deep

En me voyant arriver, elle s'était interrompue quelques ins-
tants, juste pour me demander si j'allais bien, si mon mari allait
bien aussi, et pourquoi il n'était pas venu avec moi. Je n'ai rien
dit, seulement souri.

J'avais renoncé depuis longtemps à lui rappeler que j'avais
divorcé il y a dix ans déjà. Puis elle avait repris sa conversation
avec son amie. Elle lui dit en riant : "Tu ne me pardonneras jamais, hein, que je t'aie pris Louis ? Eh oui, c'est comme ça
pourtant, c'est moi qu'il aimait !"

J'avais renoncé (*renoncer*) = I had given up
Elle lui dit (simple past of *dire*) = She told her
hein = an interjection meaning "isn't it?" here
que je t'aie pris (past subjunctive of *prendre*) Louis =
that I have taken Louis from you
c'est comme ça pourtant = yet, that's how it is
c'est moi qu'il aimait = I am the one he loved

© DR

Louis ? Je n'avais jamais entendu parler d'un Louis dans la famille. Je n'y aurais pas prêté attention si la visiteuse ne s'était pas soudainement mise à rougir et à me jeter un regard affolé avant de dire à ma mère : "Mais tais-toi, tu dis n'importe quoi ! Bon, je m'en vais, on arrête là, je te laisse avec ta fille..."

Je n'y aurais pas prêté attention (past conditional of *prêter attention*) = I wouldn't have paid attention to it
rougir = to blush
me jeter un regard affolé = to give me a look expressing panic
tais-toi (imperative of *se taire*) = shut up
tu dis (*dire*) n'importe quoi = you're talking nonsense
je m'en vais (*s'en aller*) = I'm leaving

Après son départ, j'observai ma mère, encore visiblement réjouie, qui avait dans les yeux une expression que je lui avais rarement vue. Quelque chose comme une lueur séductrice... Destinée à qui ? Nous n'étions que toutes les deux, et depuis le décès de mon père, il y plus de quinze ans, elle n'avait jamais exprimé, du moins devant moi, le moindre attrait pour les autres hommes, conservant fièrement son attitude de veuve fidèle et inconsolable.

---

j'observai (simple past of *observer*) = I observed
réjouie = overjoyed, delighted
séductrice = enticing
du moins devant moi = at least in front of me
le moindre = the least
fièrement = proudly
fidèle = faithful

Mais ce jour-là, c'était <u>comme s'il y avait quelqu'un entre elle et moi</u>, une sorte de <u>fantôme</u> qu'elle regardait avec une passion amoureuse <u>non dissimulée</u>. Et alors je lui demandai : "À qui tu penses ? Qui est ce Louis qui t'aimait ?"

<u>comme s'il y avait quelqu'un entre elle et moi</u> = as though there were somebody between her and me
<u>fantôme</u> = ghost
<u>non dissimulée</u> = not hidden, obvious

Et à ma grande surprise, <u>au lieu d</u>'ignorer mes questions, <u>elle se mit à</u> parler. Et cette fois, je l'ai écoutée. "<u>J'ai connu</u> l'amour, le grand amour..."

Quand elle a terminé, j'avais les larmes aux yeux. De ma vie, elle ne m'avait jamais parlé si longuement d'elle-même et de ses sentiments. Jamais, quand elle avait encore sa mémoire, <u>elle ne m'aurait non plus révélé</u> le plus grand des secrets : mon père n'était pas mon père. C'était Louis, le grand amour de sa vie - et l'époux de sa meilleure amie - avec qui <u>elle avait conçu</u> son seul enfant : moi.

<u>au lieu d'</u> (*de*) = instead of
<u>elle se mit</u> (simple past of *se mettre*) = she started to (see page 73)
<u>J'ai connu</u> (*connaître*) = I experienced
<u>elle ne m'aurait non plus révélé</u> (past conditional of *révéler*) = she would not have revealed to me either
<u>elle avait conçu</u> (*concevoir*) = she had conceived

Je ne pourrai en savoir plus, sa mémoire de nouveau envo-
lée elle ne me dira plus que des choses insensées. Mais je me
suis demandée comment elle avait pu garder si longtemps ce
lourd secret de famille. Et si celui que je croyais être mon père
avait été au courant... □

> Je ne pourrai (future of *pouvoir*) en savoir plus = I
> will not be able to learn more about it
> envolée = vanished
> elle ne me dira (future of *pouvoir*) plus que des chos-
> es insensées = she will only tell me nonsense
> au courant = aware

VOCABULARY

Se mettre à...

While the verb *mettre* means "to put", when it is reflexive
and followed with the preposition "à" (*se mettre à*), like
on page 72 and in several other stories, it means "to start,"
"to begin," "to be going to." Several other verbs have
a close meaning, such as *commencer*, *débuter*,
démarrer... But *se mettre à* suggests that the person has
taken a new initiative, is doing something rather
unexpected, or is reacting in a surprising way. For
example *se mettre à pleurer* (to start crying) is more
moving, because of the element of surprise, than
commencer à pleurer. It is the same with *se remettre à*
(to start again) seen on page 64. Another verb quite
similar is *se prendre à* (while *prendre* = to take) which also
suggests something new and surprising.

QUESTIONS

(chez sa mère de la narratrice) [handwritten]

1. Où se situe l'action de cette petite histoire ?

2. Quel est le problème de santé de sa mère dont parle la narratrice ? *Sa mère est en train de perdre la mémoire* [handwritten]

3. Qui est la visiteuse ? *une femme âgée, une ami de sa mère* [handwritten]

4. Qu'apprend la narratrice ? *que sa mère a aimée un autre homme que son père* [handwritten]

5. Que se passe-t-il à la fin de l'histoire ? *la narratrice apprend que cet autre homme était son père* [handwritten]

VRAI OU FAUX ?

1. La mère de la narratrice est très âgée. *T* [handwritten]

2. Elle va la voir le dimanche après-midi. *T* [handwritten]

3. Elle trouve sa mère en train de parler à une infirmière. *F* [handwritten]

4. La narratrice apprend un grand secret qui la concerne. *T* [handwritten]

5. Elle décide d'en parler à son père. *F* [handwritten]

(Answers page 123)

8. LE DÉJEUNER DU DIMANCHE

 Listen to the story, and read it out loud:

MARC, MON CHÉRI, tu crois vraiment qu'on doit y aller demain ? Qu'on doit y aller tous les dimanches ? Tu ne crois pas, que de temps en temps, on pourrait juste rester chez nous, tous les quatre, se relaxer un peu, éviter de prendre la <u>bagnole</u>, de <u>faire des kilomètres</u>, de <u>se farcir les bouchons</u> en rentrant ? Tu ne crois pas que ce serait <u>chouette</u> d'avoir le temps de parler avec les enfants, de les laisser exprimer <u>ce qu'ils ont envie de dire</u> sans que personne <u>s'en mêle</u> ? Pense à eux, <u>ils en ont marre</u>, et tu le sais bien !

<u>bagnole</u> = car (slang)
<u>faire des kilomètres</u> = to drive a lot of miles
<u>se farcir les bouchons</u> = to get stuck in traffic jams (slang); *se farcir* also means to put up with
<u>chouette</u> = cool, nice
<u>ce qu'ils ont envie de dire</u> = that which they want to say
<u>s'en mêle</u> = get involves (in what they say)
<u>ils en ont marre</u> (*en avoir marre*) = they're fed up (fam.)

Tu ne penses pas que <u>ce serait génial</u> de rester en <u>training</u> et <u>pantoufles</u>, de faire un repas léger. Oui, un repas léger, pour une fois ! <u>Se faire</u> un brunch par exemple, un petit déjeuner de <u>paresseux</u>, avec des croissants réchauffés au four, des œufs à la coque, des tartines beurrées, du café. C'est tout. Pas de vin rouge, pas de <u>chapon</u> rôti dans son jus, pas d'assiette de fromages. Pas de gâteau géant à la crème. Oui, surtout pas de gâteau... <u>Ce serait le rêve</u>, tu ne crois pas ?

<u>ce serait</u> (conditional of *être*) <u>génial</u> = it would be really great
<u>training</u> = jogging outfit/sweat shirts and pants
<u>pantoufles</u> = slippers
<u>Se faire</u> = to treat oneself (to)
<u>paresseux</u> = lazy
<u>chapon</u> = capon
<u>Ce serait</u> (conditional of *être*) <u>le rêve</u> = It would be like a dream

Bon, une fois, juste une fois, je n'ai pas dit tous les dimanches ! On ne pourrait pas inventer quelque chose ? Que Théo a mal dormi, que Mimi a un exam à préparer, que tu es fatigué du travail, que j'ai chopé un rhume... Je ne sais pas, moi, ce ne devrait pas être trop difficile, tout de même !

> Bon = Well
> j'ai chopé (*choper*) un rhume = I caught a cold (fam.)
> tout de même = see page 55

On n'est pas obligés de dire la vérité, qu'on n'en peut plus de ce cérémonial dominical, qu'on en a ras-le-bol d'aller les voir tous les dimanches, de manger toujours la même chose, d'écouter les mêmes histoires, de ne pas avoir un mot à dire, ou de se faire critiquer si on ne pense pas pareil.

> on n'en peut (*pouvoir*) plus = we can't stand anymore
> dominical = taking place every Sunday
> on en a ras-le-bol (*en avoir ras-le-bol*) = we're fed up (fam.); synonym of *en avoir marre*
> si on ne pense pas pareil = if we don't think the same way (as them - note the elision of *qu'eux*)

Non, juste un petit <u>mensonge</u>. On serait <u>complices</u>, ce serait notre petit secret à nous. Alors, <u>qu'en dis-tu</u> ? Je sais bien que <u>ça te fait envie</u>, toi aussi, que tu aimerais bien parfois <u>casser la routine</u>, retrouver un peu de liberté, <u>t'émanciper</u>, <u>enfin</u>.

<u>mensonge</u> = lie
<u>complices</u> = accomplices
<u>qu'en dis-tu</u> (imperative of *dire*) = what do you think (lit.: what do you have to say; note that quite often in common French language *dire* replaces *penser*)
<u>ça te fait envie, toi aussi</u> = you dream of it, too
<u>casser la routine</u> = to break the routine (fam.)
<u>t'émanciper</u> = to feel free (from your parent's influence/control)
<u>enfin</u> = finally (meaning: it's about time)

C'est normal, c'est humain, regarde tes <u>copains</u> : tu en connais beaucoup qui vont <u>se coltiner</u> la famille tous les dimanches ? Tu crois que leurs femmes accepteraient ça ? Tu sais bien que non.

<u>copains</u> = see page 31
<u>se coltiner</u> = to get stuck with (slang)

Tiens, Julien et Lucette par exemple, eh bien, ils ne vont jamais s'empoisonner la vie comme ça ! Ils se retrouvent de temps en temps en ville, au resto, s'invitent pour les anniversaires, les fêtes, et basta ! C'est largement suffisant, et ça permet de se supporter...

Tiens (imperative of *tenir*) = Hey/well (as an interjection, *tiens* aims at catching the attention of someone)
eh bien = well
s'empoisonner la vie = to poison one's life with constraints
basta ! = enough! (*basta* is originally a Spanish word)
se supporter = to stand one another

A cultural note

Family gatherings on Sunday

This short story obviously amplifies and dramatizes the constraints of the French family Sunday gatherings! But there is something that rings true. Even if customs are changing, it is still quite traditional in France, especially in the countryside, to share a long Sunday lunch. In the summer, it may be a barbecue for people who live in a house and have a garden. After lunch, many families remain together for a while and either chat, watch a TV show or play games, inside or outside in the garden. This tradition is still partly the case, even when the children are married, and many parents hope that they will join them on Sunday when it is feasible, at least from time to time.

Chaque samedi, ou presque, Isa répète <u>mentalement</u> les phrases qu'<u>elle va dire</u>, qu'elle va <u>enfin</u> <u>avoir le courage</u> de dire à son mari, avant l'implacable <u>corvée</u> du lendemain. Chaque samedi, <u>elle y renonce</u> au dernier moment.

<u>mentalement</u> = in her head
<u>elle va</u> (*aller*) <u>dire</u> = she's going to say
<u>enfin</u> = finally
<u>avoir le courage</u> = to dare
<u>corvée</u> = an unpleasant chore
<u>elle y renonce</u> (*renoncer*) = she gives up (the idea of saying this to her husband)

Mais ce samedi-là, <u>elle a osé</u>.
- Marc, mon chéri, tu crois vraiment qu'on doit y aller demain ? Tu ne crois pas...
- Quoi, qu'est-ce que tu <u>racontes</u> ? Bien sûr qu'on y va, <u>ça ne va pas la tête ?</u>...

<u>elle a osé</u> (*oser*) = she dared
<u>racontes</u> (*raconter*) = see page 81
<u>ça ne va pas la tête ?</u> = are you crazy?

VOCABULARY

The verb *raconter*

Raconter is one of the verbs that derives from *un conte* (a tale), and is like *conter* (to tell a tale), but its meaning is a bit different. *Raconter* can mean:

–to tell, to narrate a story (any story, not necessarily a tale) :
   J'adore quand mamy raconte des histoires. =
   I love it when grandma tells stories.
–to say or report, to give an account of something :
   Tu peux me raconter ce qui s'est passé à l'école ? =
   Could you tell me what happened at school?
–to talk nonsense (like in the question page 80):
   N'écoute pas le voisin, il raconte n'importe quoi. =
   Don't listen to the neighbor, he talks nonsense.
–in the expression "*se la raconter*" (synonym of *frimer*):
   to be full of oneself, to show off:
   Depuis que Marc est devenu le chef, il se la raconte ! =
   Since Marc became the boss, he is full of himself!

Alors, ce samedi-là, elle a décidé que c'était fini, qu'elle ne voulait plus mener cette vie-là. Le déjeuner du dimanche a été le dernier. Pour le mari aussi. Après le départ de sa femme et de ses enfants, il n'a plus jamais osé remettre les pieds chez ses parents.

□

Alors = So then
c'était fini = she was done; lit.; it was the end
remettre les pieds chez ses parents = to go back at his parents' home, to set foot in his parents' home

QUESTIONS

[handwritten: Elle ne parle à personne. Elle imagine dans sa tête ce qu'elle aimerait dire à Marc]

1. À qui parle Isa dans la plus grande partie de cette histoire ?
2. De quelle obligation du dimanche parle-t-elle ? *[handwritten: d'aller déjeuner chez ses beaux parents tous]*
3. Qui est Marc ? *[handwritten: le mari d'Isa]*
4. Comment réagit-il quand Isa se décide à lui parler ? *[handwritten: les dimanche]*
5. Que se passe-t-il à la fin de l'histoire ?
   [handwritten: p. 124]

[handwritten: Il réagit très mal et veut absolument aller chez ses parents dimanche]

VRAI OU FAUX ?

1. Marc et Isa ont trois enfants. *[handwritten: F]*
2. Isa déteste passer des heures dans les bouchons. *[handwritten: T]*
3. Elle rêve de faire un brunch à la maison un dimanche. *[handwritten: T]*
4. Mimi a un examen à préparer. *[handwritten: F]*
5. Julien et Lucette sont les parents de Marc. *[handwritten: F]*

(Answers page 124)

9. LE MEILLEUR AMI

 Listen to the story, and read it out loud:

STÉPHANE EST TRÈS SURPRIS que Fabien, son meilleur ami, <u>ait demandé à lui parler d'urgence</u>. Depuis qu'ils sont mariés, ils se voient beaucoup moins souvent. Ils dînent en famille, de temps en temps, c'est tout. Ils sont bien trop occupés par leur travail. Quand ils étaient étudiants, ils étaient beaucoup plus proches, partageaient la même chambre de la résidence universitaire, et passaient pratiquement toutes leurs vacances ensemble. C'était il y a longtemps.

C'est pourquoi, quand Stéphane a reçu ce message urgent, il a compris qu'il y avait quelque chose de grave.

Ils se retrouvent au <u>bistrot du coin</u>.

<u>ait demandé</u> (past subjunctive of *demander*) = has requested; see also page 87

<u>bistrot du coin</u> = the neighborhood bar; not necessarily located on a corner

---

- Eh bien, qu'est-ce qui se passe ? Tu as un souci ? demande Stéphane.
- Un peu oui... Enfin ça va, mais...
- Mais quoi ? Tu m'inquiètes. Tu n'es pas malade j'espère ? Et la famille ?
- Oh non tout va très bien !
- Ne me dis pas que c'est avec Maryse.
- Non... enfin oui. Comment dire, c'est compliqué.

---

qu'est-ce qui se passe ? = what's going on?

souci = worry

Enfin = Well... I mean...

Ne me dis pas = Don't tell me

c'est compliqué = it's tricky; see also page 89

© DR

--- GRAMMAR TIP---

The art of avoiding the subjunctive

One of the challenges that all students of French are faced with is the use of the subjunctive. It is not so difficult when you have started getting used to it, but when you speak spontaneously with a French person, you may have the feeling that you have totally forgotten it! If you find yourself in this position, don't panic. There are other ways to express what you mean, by changing your sentence.

For example, on page 85 you have:
Stéphane est très surpris que Fabien... ait demandé...
You could say the same thing in this way:
Stéphane est très surpris parce que Fabien... a demandé...

Another example with the sentence on page 32:
pour aller en cure de détox il faut que ce soit vraiment grave.
There are various other ways to express this idea:
Si on va en cure de détox, ça veut dire que c'est grave.
C'est vraiment grave si on va en cure de détox.
On va en cure de détox quand on a un grave problème.
Les cures de détox, c'est seulement quand c'est grave, etc.

Stéphane, patient, attend que Fabien ait le courage de lui parler franchement. De lui dire qu'il a rencontré une étudiante de 25 ans, Émilie, dont il est tombé follement amoureux. Au début tout allait bien, ils se voyaient discrètement le soir après le travail, il l'amenait avec lui dans de beaux hôtels quand il partait en voyage d'affaires, tout en conservant une apparence de vie normale avec sa femme Maryse et les enfants.

> il est tombé follement amoureux (*tomber amoureux*) = he fell madly in love (see also page 97)
> voyage d'affaires = business trips
> tout en conservant une apparence de vie normale = while maintaining a semblance of normal life

Mais soudain Émilie a changé totalement d'attitude, devenant très exigeante :
- Figure-toi qu'elle m'a quasiment posé un ultimatum : soit je quitte Maryse, soit elle va la voir et lui raconte tout. Elle me donne une semaine !
- Oh, là c'est grave !... Mais franchement, Stéphane, tu as bien réfléchi ? Tu aimes toujours Maryse, non ?

> exigeante = demanding
> elle m'a quasiment posé un ultimatum = she practically/almost gave me an ultimatum
> soit... soit... = either... or

Fabien l'admet. Oui il aime sa femme, mais cette <u>gamine</u> <u>lui a complètement tourné la tête</u>. Il ne sait plus quoi faire. <u>Qu'il</u> reste avec elle ou <u>qu'il</u> décide de <u>rompre</u>, il est convaincu qu'elle ira parler à Maryse.

> <u>l'admet</u> (*admettre*) = admits it, concedes it
> <u>gamine</u> = young girl
> <u>lui a complètement tourné la tête</u> = has completely turned his head
> <u>Qu'il</u>... <u>qu'il</u>... = Whether... or
> <u>rompre</u> = to break up

VOCABULARY

C'est compliqué and its evolving meaning

This expression is a good example of how the French language has evolved over the years. Until recently, *c'est compliqué* (it's difficult/complicated), or *compliqué* alone, were used almost exclusively for technical matters. Examples: *C'est compliqué ce travail qu'il doit faire.* = This job he has to do is difficult. *C'est compliqué de mettre en route un nouvel ordinateur.* = It's difficult to start a new computer. *Cet exercice d'algèbre est très compliqué.* = This algebra exercise is very complicated.

But nowadays, *compliqué* is more and more used to describe a psychological difficulty or any personal problem, with the meaning of: tricky, complex, delicate, like on page 86.

- Je suis foutu, quoi.

Comment a-t-il pu se mettre dans une situation pareille, pense Sébastien. Mais il ne fait aucun commentaire. Un meilleur ami, c'est là pour aider et soutenir, en toutes circonstances. Il demande seulement à Fabien s'il ne devrait pas, tout simplement, parler franchement à sa femme.

Je suis foutu = I'm done, I've had it
quoi = that's it
Comment a-t-il pu (*pouvoir*) se mettre dans une situation pareille = How could he have gotten himself in such a mess
Un meilleur ami, c'est là pour aider et soutenir = A best friend's role is to help and to give support

---

Fabien répond qu'il n'en est pas question. Ce serait un tel choc ! Elle demanderait le divorce. Stéphane comprend qu'il ne veut pas perdre Maryse, et lui demande où il peut rencontrer Émilie. Il va lui parler.

Fabien résiste un peu, puis il se décide à accepter son aide et lui donne tous les renseignements utiles.

Mais plutôt que d'essayer de rencontrer Émilie tout de suite, et sans rien dire à son ami, Stéphane part enquêter sur elle : à l'université, sur Facebook et d'autres réseaux sociaux.

---

il n'en est pas question = it's out of a question, there's no way
Elle demanderait (conditional of *demander*) le divorce = She would ask for a divorce
plutôt que = instead of

Six jours plus tard, Stéphane annonce à Fabien qu'il n'a plus de souci à se faire. Il a découvert qu'Émilie ne s'intéressait en réalité qu'à son argent, et qu'elle avait même <u>un amoureux</u> de son âge, <u>dont</u> elle n'avait pas du tout l'intention de <u>se séparer</u>. Quand il s'était retrouvé ensuite face à face avec elle, elle a vite compris. <u>C'était fini</u> entre elle et Fabien.

<u>un amoureux</u> = a lover
<u>dont... se séparer</u> = to break with (*dont* is used because *se séparer* is followed by the prepositions *de*)
<u>C'était fini</u> = It was over

À la fois immensément <u>soulagé</u> de ne pas avoir à confronter sa femme, et profondément triste de ne plus revoir Émilie, Fabien boit quelques verres avec son ami. Puis en rentrant chez lui, il s'arrête acheter des fleurs pour Maryse. Surprise, Maryse le remercie, et part placer ce beau bouquet dans un vase. Fabien n'a pas le temps de <u>remarquer</u> <u>l'éclat inhabituel qui éclaire le visage de sa femme.</u>

□

<u>soulagé</u> = relieved
<u>remarquer</u> = to notice
<u>l'éclat inhabituel qui éclaire le visage de sa femme</u> = the unusual sparkle on his wife's face

---

QUESTIONS

[handwritten: depuis université quand ils partageaient la même chambre]

1. Comment Stéphane et Fabien se sont-ils connus ?
2. Pourquoi Stéphane semble inquiet, et que lui révèle Fabien ? *[handwritten: Parce que il a reçu un message d'urgent de Fabien]*
3. Qu'est-ce qu'Émilie exige ? *[handwritten: que Fabien quitte Maryse]*
4. Que découvre Stéphane à propos d'Émilie ? *[handwritten: qu'ell a déjà un autre amoureux]*
5. Comment Maryse réagit-elle à la fin, et pourquoi ? *[handwritten: Elle est surprise de recevoir des fleur de Fabien]*

VRAI OU FAUX ?

1. Maryse est la femme de Stéphane. *[handwritten: F]*
2. Fabien est tombé amoureux. *[handwritten: T]*
3. Émilie est étudiante. *[handwritten: T]*
4. Fabien a vraiment besoin de son copain. *[handwritten: T]*
5. Maryse demande le divorce. *[handwritten: F]*

(Answers page 125)

10. CHEZ MADAME PASTRE

 Listen to the story, and read it out loud:

CHAQUE MOMENT passé chez Madame Pastre était du pur bonheur. Elle était si gentille, si douce, aussi douce et tendre que les gâteaux qui s'étalaient dans la vitrine de sa pâtisserie. C'était dans un petit village de Provence. J'avais quatre ans. Je me souviens de son sourire, de ses bras potelés dans lesquels je me blottissais, de son tablier blanc imprégné de farine. Je me souviens aussi des gâteaux, surtout des choux à la crème chantilly. Quand j'en mangeais un, qu'elle était toute contente de m'offrir, je me retrouvais avec les mains et le visage couverts de crème. Ça la faisait rire. Elle me portait dans la cuisine au fond du magasin et me lavait dans le grand évier de pierre.

---

s'étalaient (*s'étaler*) = spread
vitrine = shop window
potelés = chubby
je me blottissais (*se blottir*) = I cuddled up
tablier = apron
farine = flour
m'offrir = to give to me
évier = sink

J'adorais sa cuisine. C'était son atelier de magicienne où <u>elle confectionnait</u> ces savoureuses merveilles qui attiraient tous les habitants du village. <u>Les gros</u>, <u>les minces</u>, les jeunes, les vieux, les riches, les pauvres, les dames très élégantes ou leurs <u>servantes</u>, les paysans en <u>sabots</u> ou les notaires aux souliers noirs brillants, ils venaient tous, <u>à tour de rôle</u>, tous les jours de la semaine.

<u>elle confectionnait</u> (*confectionner*) = she made, she prepared
<u>Les gros</u> = The fat (people)
<u>les minces</u> = the thin (people)
<u>servantes</u> = maids
<u>sabots</u> = wooden clogs
<u>à tour de rôle</u> = in turn

Surtout le dimanche. Ce jour-là, il y avait une longue <u>queue</u> <u>jusque</u> dans la rue. Je n'aimais pas le dimanche car je n'avais pas le droit d'aller <u>déranger</u> Madame Pastre.

Nous habitions un appartement tout petit, mais qui était le mieux <u>situé</u> au monde : juste au-dessus de la pâtisserie.

> <u>queue</u> = line
> <u>jusque</u> = as far as
> <u>déranger</u> = to disturb
> <u>situé</u> = located

VOCABULARY

Pâtisserie, a word with different meanings

In French, the word *pâtisserie* has three meanings:

–A pastry or a cake (*un gâteau*): *Mon mari achète souvent une pâtisserie en rentrant du travail.* = My husband often buys a cake on his way home from work.

–The art of doing it (baking, pastry cooking): *C'est ma grand -mère qui m'a appris à faire de la pâtisserie.* = It's my grand-mother who taught me pastry cooking.

–The shop where huge varieties of delicious *pâtisseries* are sold (cake shop): *J'ai acheté une belle tarte aux framboises à la pâtisserie.* = I bought a beautiful raspberry pie at the cake shop.

NOTE that *les pâtisseries* (the shops) are different from *les boulangeries* that mainly sell bread, and those that sell both bread and various *gâteaux* are called *les boulangeries-pâtisseries*. All over the country, there are more than 32.000 *boulangeries-pâtisseries*, and 5000 *pâtisseries*.

En plus, il y avait un escalier interne qui <u>reliait</u> le magasin et notre cuisine. Notre appartement était juste en dessous de ce-lui de ma grand-mère qui était en train de mourir, et c'est pour cela, et pour nous <u>rapprocher</u> d'autres membres de la famille, que nous étions venus y habiter pendant quelques mois.

<u>J'y suis retournée</u> l'année dernière. La pâtisserie a été rem-placée par une épicerie fine, et il ne reste de la famille que quelques <u>tombes</u> <u>délabrées</u> dans le cimetière.

> <u>reliait</u> (*relier*) = joined, connected to
> <u>rapprocher</u> = to get closer
> <u>J'y suis retournée</u> (*retourner*) = I went back there
> <u>tombes</u> = graves
> <u>délabrées</u> = run-down

Madame Pastre était une amie de la famille. J'avais le droit d'aller la voir à condition de ne pas la <u>gêner</u>, et de ne surtout pas manger de <u>sucreries</u>. C'était mauvais pour les dents, et je risquais de <u>tomber malade</u>, me disait ma mère.

> <u>gêner</u> = in this context: to disturb, to bother (see also page 114)
> <u>sucreries</u> = sweets
> <u>tomber malade</u> = to get sick (see page 97)

Le seul jour où le magasin était fermé était le lundi. C'était mon jour préféré. La pâtisserie n'était que pour moi. Ma mère m'autorisait à descendre, mais elle surveillait de près ma consommation des douceurs interdites, que Madame Pastre se sentait obligée de me refuser. Juste un petit morceau, peut-être, mais pas plus.

---

elle surveillait (*surveiller*) de près = she watched closely
douceurs = sweets
un petit morceau = a little bite

VOCABULARY

Tomber...
To fall, but not only

Tomber that appears on page 96, which mainly means "to fall", is one of those verbs that the French use a lot in their everyday language, with quite different meanings according to the context and the expressions in which it appears – some of them being similar to English ones.
Here are only a few ways it is used, as we can see in several stories of this book:
–*laisser tomber* (p. 36) = to let go, to give up on something;
–*tomber amoureux* (p. 88) = to fall in love;
–*tomber malade* (p. 96) = to get sick, to fall ill;
–*tomber dans les bras de quelqu'un* = to hug someone, or, as in page 98, to rush into the arms of someone.

Ce lundi-là, mes parents avaient un rendez-vous important. Je devais donc rester seule dans l'appartement. "Ne descends pas et ne va surtout pas manger des gâteaux !", me dit ma mère sur un ton sévère avant de partir.

Immédiatement après leur départ, la tentation a été trop forte : j'ai dévalé l'escalier pour tomber dans les bras de Madame Pastre.

> j'ai dévalé (*dévaler*) = I hurtled down
> tomber dans les bras = to rush into the arms (see also page 97)

Hélas, l'absence de mes parents a été de très courte durée. Quand j'ai entendu qu'ils rentraient, je suis remontée à toute vitesse. Mais je n'avais pas fini d'avaler mon dernier gâteau et mes lèvres étaient couvertes de crème chantilly.

J'ai oublié comment ont réagi mes parents et ce qu'ils ont dit, mais je n'oublierai jamais la honte que j'ai ressentie, prise en flagrant délit de désobéissance et de gourmandise.

□

> Hélas = Unfortunately
> je suis remontée (*remonter*) à toute vitesse = I went back upstairs at full speed
> avaler = to swallow
> honte = shame
> prise en flagrant délit = caught in the act

QUESTIONS

1. Qui était Madame Pastre ? *Elle était une pâtissière dans un petit village de Provence*
2. Où se situe l'intrigue de cette histoire ? *village de Provence*
3. Quel âge avait la narratrice ? *quatre ans*
4. Pourquoi le lundi était un jour spécial ? *La pâtisserie était fermée donc la narratrice pouvait aller sans déranger la pâtisserie*
5. Qu'est-il arrivé à la narratrice à la fin de l'histoire ?

V p.126

VRAI OU FAUX ?

1. Madame Pastre habitait dans une grande ville. *F*
2. Elle avait beaucoup de clients le dimanche. *T*
3. Elle était très généreuse avec la narratrice. *T*
4. La narratrice avait mal aux dents. *F*
5. Elle n'aimait pas la crème chantilly. *F*

(Answers page 126)

11. UNE BOUCLE D'OREILLE PERDUE

 Listen to the story, and read it out loud:

LORA AVAIT TOUJOURS EU LA CONVICTION que deux êtres, ou deux choses, qui se ressemblent trop ne sont pas faits pour <u>s'entendre</u>. La démonstration la plus évidente était l'impossibilité qu'elle avait de conserver deux <u>boucles d'oreilles</u> identiques, <u>censées être</u> portées simultanément.

<u>Sitôt</u> avait-elle porté pendant une courte période deux <u>pendants</u> tout à fait <u>assortis</u> que, <u>sans crier gare</u>, l'un d'entre eux <u>s'amusait à disparaître</u>.

<u>s'entendre</u> = to get along
<u>boucles d'oreilles</u> = earrings
<u>censées être</u> = supposed to be
<u>Sitôt</u> = Straight away, immediately
<u>pendants</u> = another word for earrings
<u>assortis</u> = matching
<u>sans crier gare</u> = out of the blue, without warning
<u>s'amusait</u> (*s'amuser*) <u>à disparaître</u> = seemed to think it was funny to disappear

Parfois <u>elle parvenait</u> à le retrouver, mais le plus souvent la disparition était définitive, et la boucle qui restait se retrouvait dans la boîte aux bijoux <u>dépareillés</u>. <u>Jamais plus elle ne la porterait</u> sauf si, par <u>le plus grand des hasards</u>, elle retrouvait un jour <u>sa sœur jumelle</u>. <u>Ce qui n'arrivait jamais</u>.

<u>elle parvenait</u> (*parvenir*) = she succeeded
<u>dépareillés</u> = not matching
<u>Jamais plus elle ne la porterait</u> (conditional of *porter*)
= She would never wear it again
<u>le plus grand des hasards</u> = pure chance
<u>sa sœur jumelle</u> = its twin sister, in a figurative sense
<u>Ce qui n'arrivait</u> (*arriver*) <u>jamais</u> = Which never happened

---

<u>Elle se faisait cette réflexion</u> alors qu'elle venait de passer près d'une heure à chercher la jolie perle, rapportée de Ténériffe, offerte par son <u>tendre</u> mari, qu'elle était désespérée ne pas avoir retrouvée à son oreille avant de se coucher, le soir.

<u>Elle se faisait</u> (*faire*) <u>cette réflexion</u> = This is what she was thinking; lit.: she thought to herself
<u>tendre</u> = sweet, lovely

Elle n'avait rien dit au mari, évidemment, pour ne pas le <u>décevoir</u>, ni le décourager de lui acheter encore de nouvelles boucles, <u>sachant qu'elle finirait</u> toujours <u>par en perdre une</u>.

<u>décevoir</u> = to disappoint
<u>sachant qu'elle finirait</u> (conditional of *finir*)... <u>par en perdre une</u> = knowing that she would end up losing one of them

---

Quand soudain, sous un meuble, elle <u>sentit</u> quelque chose qui ressemblait à un tout petit objet. Une boucle ! C'était bien une boucle d'oreille <u>esseulée</u> qu'elle <u>prit</u> dans ses mains pour l'examiner. Une boucle <u>qui ne lui appartenait pas</u>, qu'elle n'avait même jamais vue, tellement jolie qu'<u>elle se glissa de nouveau à quatre pattes</u> pour voir si <u>sa semblable</u> ne se trouvait pas à ses côtés, sous le meuble.

<u>sentit</u> (simple past of *sentir*) = felt
<u>esseulée</u> = forsaken
<u>prit</u> (simple past of *prendre*) = took
<u>qui ne lui appartenait</u> (*appartenir*) <u>pas</u> = that didn't belong to her
<u>elle se glissa</u> (simple past of *glisser*) <u>de nouveau à quatre pattes</u> = she slid once again (under the piece of furniture) on all fours
<u>sa semblable</u> = a similar earring (to the one she had found)

À qui donc peut bien appartenir cette jolie boucle ? se demanda-t-elle. Une boucle d'un style original, bien plus audacieux que celles qu'<u>elle avait coutume de porter</u>, en argent <u>serti de deux pierres noires</u> de forme asymétrique.

<u>Aurait-elle été</u> perdue par une amie ? Mais aucune disparition de boucle d'oreille n'avait été déclarée chez elle, et <u>elle aurait remarqué</u> celle-là, si belle qu'<u>elle n'aurait manqué</u> d'en faire le commentaire à son amie.

<u>elle avait coutume de</u> = she was used to
<u>serti de deux pierres noires</u> = set with two black stones
<u>Aurait-elle été</u> = Could it have been
<u>elle aurait remarqué</u> (conditional perfect of *remarquer*) = she would have noticed
<u>elle n'aurait manqué</u> (conditional perfect of *manquer*) = she wouldn't have failed (to)

--- GRAMMAR TIP---

The conditional perfect tense

Here several verbs are conjugated in this past tense:
aurait-elle été, elle aurait remarqué, elle n'aurait manqué... **Exactly like in English, this conjugation is mainly used to express what you would do if something had happened. Depending on the verb you want to conjugate, it has to be preceded by an auxiliary verb, *avoir* or *être*, like in the present conditional.**

Après l'avoir rangée avec les autres boucles orphelines, elle passa à autre chose. Elle n'en parla pas davantage à son mari, et n'y pensa plus.

Jusqu'au soir du dîner. Celui que son mari avait organisé pour son chef de service et son épouse. Un dîner important pour sa carrière, lui avait-il déclaré.

> orphelines = lonely, single; lit.: orphans
> elle passa (simple past of *passer*) à autre chose = she moved on to something else
> Elle n'en parla (simple past of *parler*) pas davantage = She didn't talked about it either
> n'y pensa (simple past of *penser*) plus = didn't think anymore about it
> chef de service = head of department, supervisor

En serrant la main de Madame, d'allure très coquette, qu'elle n'avait jamais rencontrée, elle remarqua à son bras un bracelet de style identique à la boucle aux pierres noires...

> allure = look, appearance
> coquette = stylish, elegant; note that the common meaning in French is different from the English "coquette" (or flirty woman) which would be translated by *séductrice, aguicheuse*

Elle ne dit mot, ce dîner devait être une réussite et elle ne pouvait risquer de mettre à péril la carrière de son cher époux. Mais elle guetta la réaction de la belle épouse au moment du dessert. Celle-ci, en mordant dans sa part de tarte Tatin, recracha quelque chose, qu'elle fit immédiatement disparaître dans sa poche après l'avoir furtivement examinée, et, toute rouge, garda les yeux rivés sur son assiette.

> Elle ne dit (simple past of *dire*) mot = She kept silent
> mettre à péril = to jeopardize
> guetta (simple past of *guetter*) = observed closely
> mordant (*mordre*) = biting
> recracha (simple past of *recracher*) = spit out
> fit (simple past of *faire*)... disparaître = made disappear, hid
> rivés = riveted

Les hommes n'avaient rien remarqué, mais Lora eut le sentiment d'avoir remporté une victoire, et marqué la journée d'une pierre blanche.   □

> eut (simple past of *avoir*) le sentiment d'avoir... marqué la journée d'une pierre blanche = had the feeling to have... marked a red-letter day; lit.: to have marked the day with a white stone – a play on words to make a parallel with the black stones of the earrings and bracelet...

--- GRAMMAR TIP---

The *passé simple* can accentuate the suspense

As we have explained in the first of this series of short stories, the *passé simple* is used very frequently in literature. It is very close to the *passé composé*: both express an action which took place at a definite time in the past, whereas the *imparfait*, another of the three main verb tenses used when speaking about past events, expresses an action that took place repeatedly or was continuing, as we can see in several sentences of this short story and all over the book.

But this story demonstrates another specificity of the *passé simple*: using it instead of the *passé composé* lends more tension to the story itself, accentuates the suspense of the plot and its intensity. This is clear in the 2nd paragraph of page 103: *Soudain... elle sentit quelque chose* is more dramatic than if it had been written: *Soudain... elle a senti quelque chose.* It is the same in all the last paragraph of the story, page 106.

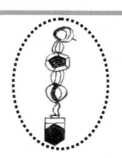

QUESTIONS

1. Qu'est-ce que Lora cherche au début de cette histoire ?
2. Pourquoi ne dit-elle rien à son mari ?
3. Qui son mari et elle ont-ils invité à dîner ?
4. Qu'est-ce que Lora a compris en accueillant les invités ?
5. Qu'a-t-elle fait à la fin de l'histoire, et quelle a été la réaction de la femme invitée chez elle ?

VRAI OU FAUX ?

1. Laura aime beaucoup les perles. *T*
2. Elle ne perd jamais ses boucles d'oreille. *F*
3. Elle découvre chez elle un bijou qui ne lui appartient pas. *T*
4. Sa meilleure amie vient dîner chez elle. *F*
5. Elle a servi de la tarte Tatin au dessert. *T*

(Answers page 127)

12. DEUX TICKETS POUR LA MÊME PLACE

 Listen to the story, and read it out loud:

LE PARIS-LYON DE 17H 24. C'est dans ce train que tout a commencé. Pourquoi avoir changé d'heure, presque au dernier moment ? D'habitude, Nathalie prend toujours celui de 19h 54 quand elle décide de rentrer le week-end chez ses parents, qui habitent un <u>pavillon de banlieue</u> à Rilleux-la-Pape, aux portes de Lyon. <u>Si</u> ce quartier est moins animé que la capitale, <u>elle aime y retourner</u>, pour se reposer, <u>se ressourcer</u>, après l'animation vibrante de la capitale.

<u>un pavillon de banlieue</u> = an individual and relatively small house in a housing development in the suburbs of French cities
<u>Si</u> = Even though
<u>elle aime y retourner</u> = she likes going back there
<u>se ressourcer</u> = to recharge her batteries

À Paris, elle vit dans un tout petit studio, ne pouvant se permettre un plus grand appartement, mais c'est là, seulement, qu'elle a pu trouver un travail qui l'intéresse dans une boîte de pub.

> ne pouvant se permettre = being unable to afford
> boîte de pub = an advertizing agency; *une boîte* is a familiar generic expression for a company, the place where one works

Ce vendredi soir, le train est bondé, elle a eu de la chance d'obtenir un billet. À croire que tous les Parisiens ont décidé de fuir vers le sud les rigueurs de l'automne. Et comme cela se produit de temps en temps avec la SNCF, quand Nathalie arrive à sa place, quelqu'un y est déjà assis. Une rapide comparaison des billets confirme ce qu'elle redoute : ils portent tous les deux le même numéro de place, dans le même wagon.

> bondé = completely full
> À croire que = One would think that
> fuir = to flee
> les rigueurs de l'automne = the harshness of autumn
> SNCF (*Société nationale des chemins de fer français*) = the national French rail network
> redoute (*redouter*) = fears, suspects

A cultural note

Les quartiers in France

There is not really a good translation of the word *quartier* that is used so much in every French city. We could say that they are districts, or neighborhoods, but none of these words corresponds exactly to what *un quartier* means in France.

Un quartier isn't an administrative division like *un arrondissement municipal* (usually called *arrondissement* only), which corresponds more specifically to a district. The *arrondissements* are found only in the three biggest cities: Paris (20 of them), Lyon (9) and Marseilles (16). In fact, *un quartier* doesn't correspond exactly to any specific geographical division. It is more, for its inhabitants, a matter of atmosphere, of way of living, the feeling of belonging. The French are very attached to their *quartier*, much more than to their *arrondissement*, which doesn't always mean so much for them. For example in Paris, in the *11e arrondissement*, there are five different quartiers, each having its own character: *République, Belleville, Léon Blum, Nation* and *Bastille*. They are so distinctive that each of them has its own *Conseil de quartier* composed of inhabitants who participate in every decision taken by the officials of the local *Mairie* regarding the living environment, local urban planning and culture.

Nowadays, the word *quartier* is often wrongly used to talk about *les quartiers difficiles de banlieue*: the disadvantaged and sensitive neighborhoods in some suburbs surrounding the big cities.

Devant la <u>moue</u> <u>ennuyée</u> du jeune homme qui, <u>à juste titre</u>, s'est confortablement installé, elle dit :

- Je vais voir avec le <u>contrôleur</u> s'il peut me trouver une autre place.

- <u>Ne vous fatiguez pas</u>, le train est <u>bourré</u>.

- Mais je ne vais pas rester <u>debout</u> pendant tout le voyage !...

<u>moue</u> = an expression on one's face, that often suggests pouting or disdain

<u>ennuyée</u> = annoyed

<u>à juste titre</u> = rightfully, justifiably

<u>contrôleur</u> = ticket inspector, conductor

<u>Ne vous fatiguez</u> (imperative of *se fatiguer*) <u>pas</u> = Don't even bother (to try)

<u>bourré</u> = jam packed

<u>debout</u> = standing up

Gare de Lyon, Paris © DR

Deux heures de train, <u>quand même</u>, avant d'arriver. Elle avait prévu de commencer à <u>se détendre</u>, <u>d'attaquer un nouveau bouquin</u> acheté <u>la veille</u>. Mais elle voit bien qu'il est impossible de <u>déloger ce type</u>, qui <u>n'a pas l'air</u> du tout de vouloir <u>lui céder la place</u>, et <u>ne daigne même pas</u> <u>lui jeter un regard</u>.

<u>quand même</u> = no kidding (meaning: it is not a short trip); see also page 55
<u>se détendre</u> = to relax
<u>d'attaquer un nouveau bouquin</u> = to start a new book; *bouquin* (fam.) often used to talk about a book
<u>veille</u> = the day before
<u>déloger ce type</u> = to get this guy to give up his seat
<u>n'a pas l'air</u> (*avoir l'air*) = doesn't seem like
<u>lui céder la place</u> = to give his seat to her
<u>ne daigne</u> (*daigner*) <u>même pas</u> = doesn't even deign
<u>lui jeter un regard</u> = to look at her (even for a few seconds)

De plus en plus de gens montent dans le wagon, elle commence à <u>gêner</u> vraiment au milieu du couloir avec sa petite valise, et sent qu'elle est obligée de <u>s'en aller de là</u>. Aucun espoir de trouver une place libre ailleurs dans ce train bondé. Elle dit, d'une toute petite voix :
- <u>Eh bien</u>… bon voyage !

<u>gêner</u> = to obstruct (the way); see page 114
<u>s'en aller de là</u> = to go somewhere else
<u>Eh bien</u> = Well

Quand le jeune homme se décide enfin à lever la tête vers elle, elle a disparu.

Pour éviter de faire tout le trajet debout, elle s'installe sur un des mini tabourets très inconfortables du bar TGV. Elle achète une boisson, et commence à lire. Quinze minutes environ s'écoulent.

- Venez.

tabourets = stools
TGV (*train à grande vitesse*) = high speed train
s'écoulent (*s'écouler*) = pass
Venez (imperative of *venir*) = Come

VOCABULARY

The verb *gêner*

As we can see on page 113, *gêner* may mean: to obstruct, to be in the way of someone. This meaning is close to the one on page 96. *Gêner* someone in his/her work means to disturb, to bother. It is also used when something is annoying you. For example: *Mes lunettes me gênent, elles sont trop grosses.* = My glasses annoy me, they are too big. However, one of the most frequent meaning of *gêner* is totally different: to embarrass, to make someone uncomfortable. Many English speaking people translate it by *embarrasser*, which is not totally wrong but not used any more in the daily language. Here is how you should say:
Je suis si gêné d'avoir fait une gaffe ! =
I'm so embarrassed to have made a blunder!

Elle sursaute.

- Venez avec moi, je vous amène à votre place.

   Elle lève les yeux, et aperçoit l'homme qui la regarde en souriant. Éberluée, elle le laisse prendre sa valise, et le suit. Et se retrouve en 1ère classe, devant un très confortable siège "solo".

- Vous avez de la chance, il restait juste une place !

---

sursaute (*sursauter*) = jumps with surprise
je vous amène (*amener*) = I'm taking you
aperçoit (*apercevoir*) = sees, notices
Éberluée = Flabbergasted, dumbfounded
solo = single seat in a TGV

- Mais, pourquoi ? Et… ça coûte combien ?
- Rien du tout. J'ai été un goujat tout à l'heure, c'est pour me faire pardonner !
- Oh, c'est gentil, vraiment !... Mais... comment vous remercier ?
- C'est tout simple, en acceptant de dîner avec moi un de ces soirs ! Vous êtes libre demain soir ?

   Elle était libre ce soir-là. Le dernier soir de liberté car plus jamais ils ne se sont quittés.   □

---

goujat = boor, oaf, cad
me faire pardonner = to make up for (his previous attitude); lit.: to make you forgive me

---

QUESTIONS

[handwritten: dans un train parce-qu'elle veut aller passer le weekend chez ses parents]

1. Où se trouve Nathalie, et où pourquoi ?
2. Pourquoi le train est-il bondé ? *[handwritten: parce-que beaucoup de Parisiens - see p 128]*
3. Que se passe-t-il quand Nathalie essaie de s'asseoir ?
4. Où va-t-elle s'installer ? *[handwritten: dans le wagon-bar sur un mini-tabouret]*
5. Qui la rejoint, et que se passe-t-il ? *[handwritten: L'homme qui occupait sa place réservé et payé un siège solo pour elle de 1ère classe et l'invite à dîner.]*

VRAI OU FAUX ?

1. Les parents de Nathalie habitent dans un pavillon de ban-lieue près de Lyon. *[handwritten: T]*
2. À Paris, elle habite dans un grand appartement. *[handwritten: F]*
3. Elle travaille dans une boîte de pub. *[handwritten: F T F]*
4. Dans le train, elle préfère rester debout. *[handwritten: F]*
5. Ils vont dîner ensemble le soir. *[handwritten: T]*

(Answers page 128)

ANSWERS TO THE QUESTIONS

1.   LE TRÉSOR

(Questions page 20)

1. Les gens disaient que l'oncle Auguste avait fait fortune.
2. Il vivait dans une toute petite maison délabrée.
3. Les membres de sa famille se retrouvent chez lui après sa mort.
4. Ils cherchent la fortune cachée dans la maison, pour pouvoir se partager l'héritage.
5. Ils trouvent seulement de vieilles pièces de monnaie sans valeur. Ils sont surpris car elles étaient dans un coffre en bois bien caché dans le mur, comme si c'était vraiment une fortune.

Vrai ou faux ?

1. Faux.
2. Faux.
3. Vrai.
4. Faux.
5. Vrai.

2. LES PREMIÈRES VACANCES

(Questions page 28)

1. Ariane vit dans une jolie maison de la vallée du Jura, appelée Beaupré.
2. Elle est en train de préparer ses bagages.
3. Elle trouve important d'emporter des jeux.
4. Paul et Marie-Léa sont ses enfants.
5. Non, elle n'est encore jamais partie en vacances.

Vrai ou faux ?

1. Vrai.
2. Faux.
3. Vrai.
4. Vrai.
5. Faux.

3. LA CURE DE DÉTOX

(Questions page 37)

1. Marc et Fabrice sont deux copains.
2. Marc s'inquiète au sujet de Fabrice car il n'a plus de nouvelles de lui depuis longtemps.
3. Antoine est un ami commun de Marc et Fabrice. Il explique à Marc que Fabrice est en cure de détox.
4. Marc s'imagine que Fabrice est devenu alcoolique et que c'est pour ça qu'il est en cure de désintoxication.
5. Fabrice raconte qu'il est en réalité en cure mi-zen mi-détox en Thaïlande.

Vrai ou faux ?

1. Faux.
2. Vrai.
3. Faux.
4. Vrai.
5. Vrai.

4. RETOUR AU MOYEN-ÂGE

(Questions page 47)

1. La narratrice cherche son iPhone pendant la nuit.
2. Valérie est sa copine. Elle a longuement chatté avec elle le soir précédent.
3. Le matin et pendant le lunch, le mari et la femme lisent le journal sur leurs tablettes ; durant la journée, ils travaillent sur leurs ordinateurs ; le soir ils visionnent un film, etc.
4. Le petit-fils de la narratrice l'a initiée à Windows 8 et lui a dit qu'elle vivait au Moyen-âge.
5. Elle décide de s'émanciper de toutes les nouvelles technologiques pendant au moins un jour par mois pour faire autre chose : lire un vrai livre en papier, coudre, peindre, dessiner...

Vrai ou faux ?

1. Vrai.
2. Vrai.
3. Faux.
4. Faux.
5. Faux.

5. OBJETS INANIMÉS

(Questions page 56)

1. Cette histoire se situe dans une maison, avant un déménage-ment.
2. La narratrice est en train de trier les meubles et objets qui vont ensuite partir à la déchetterie.
3. Une coupelle en bois, puis un bracelet, lui parlent.
4. Les appareils ménagers ne fonctionnent plus très bien ou tombent en panne.
5. Elle ressent beaucoup de tristesse d'abandonner toutes ces choses qu'elle aimait bien.

Vrai ou faux ?

1. Faux.
2. Vrai.
3. Vrai.
4. Faux.
5. Vrai.

6. PLAISIR D'AMOUR

(Questions page 65)

1. Cette musique vient du lecteur CD d'une dame très âgée.
2. Le personnage principal est un rossignol. Quand il entend cette chanson, il se met à la chanter très fort.
3. Sa femme s'énerve, elle trouve les paroles trop bizarres et s'inquiète des réactions des voisins et de ses enfants.
4. Leur relation a perdu tout son romantisme. L'amour est mort.
5. À la fin de l'histoire, une femelle oiseau lui parle en lui disant qu'elle aimait beaucoup cette nouvelle mélodie. On comprend qu'il est en train de tomber amoureux d'elle.

Vrai ou faux ?

1. Faux.
2. Vrai.
3. Vrai.
4. Faux.
5. Vrai.

7. LE SECRET DE FAMILLE

(Questions page 74)

1. L'action de cette petite histoire se situe dans le domicile de la mère de la narratrice.
2. Sa mère est en train de perdre la mémoire.
3. La visiteuse est une femme âgée, une amie de sa mère.
4. La narratrice apprend que sa mère a aimé un autre homme que son père.
5. À la fin de l'histoire, la narratrice apprend que cet autre homme était en réalité son vrai père.

Vrai ou faux ?

1. Vrai.
2. Vrai.
3. Faux.
4. Vrai.
5. Faux.

8. LE DÉJEUNER DU DIMANCHE

(Questions page 83)

1. Isa ne parle à personne. Elle imagine dans sa tête ce qu'elle aimerait dire à Marc.
2. Elle parle de l'obligation d'aller déjeuner chez ses beaux-parents tous les dimanches.
3. Marc est le mari d'Isa.
4. Il réagit très mal et veut absolument aller chez ses parents dimanche.
5. À la fin de l'histoire, Isa part avec ses enfants. Marc se retrouve tout seul. Honteux de n'avoir pas su les garder, il n'ose plus retourner chez ses parents.

Vrai ou faux ?

1. Faux
2. Vrai.
3. Vrai.
4. Faux.
5. Faux.

9. LE MEILLEUR AMI

(Questions page 92)

1. Stéphane et Fabien se sont connus pendant leurs études. Ils partageaient la même chambre dans une résidence universitaire.
2. Stéphane semble inquiet car il a reçu un message de Fabien lui demandant de le voir d'urgence.
3. Emilie exige que Fabien quitte Maryse, sinon elle ira la voir et lui racontera qu'elle sort avec son mari.
4. Stéphane découvre qu'Emilie ne s'intéresse qu'à l'argent de Fabien, et qu'elle a déjà un autre amoureux.
5. Maryse est surprise de recevoir des fleurs de son mari sans raison précise. On peut penser qu'elle avait compris que son mari avait quelque chose à lui cacher, et qu'en lui offrant ces fleurs il veut lui faire comprendre qu'il l'aime toujours, et qu'il n'a plus rien à cacher...

Vrai ou faux ?

1. Faux.
2. Vrai.
3. Vrai.
4. Vrai.
5. Faux.

10. CHEZ MADAME PASTRE

(Questions page 99)

1. Madame Pastre était une pâtissière.
2. L'intrigue de cette histoire se situe dans un petit village de Provence.
3. La narratrice avait 4 ans.
4. Le lundi, la pâtisserie était fermée aux clients extérieurs. La narratrice pouvait donc y aller sans déranger la pâtissière.
5. À la fin de l'histoire la narratrice est prise en flagrant délit de manger des gâteaux pendant l'absence de ses parents, malgré l'interdiction de sa mère.

Vrai ou faux ?

1. Faux.
2. Vrai.
3. Vrai.
4. Faux.
5. Faux.

11. UNE BOUCLE D'OREILLE PERDUE

(Questions page 108)

1. Lora cherche une boucle d'oreille, une perle du Japon, que son mari lui avait offerte, et qu'elle a perdue.
2. Elle ne lui dit rien pour ne pas le décevoir, ni le décourager de lui acheter d'autres boucles.
3. Ils ont invité le chef de service de son mari et son épouse, qu'elle ne connaît pas encore.
4. Elle a compris que la boucle d'oreilles avec deux pierres noires qu'elle a retrouvée chez elle appartient à la femme invitée ce soir-là, car elle a un bracelet identique.
5. Elle cache la boucle d'oreille dans une part de tarte et la met dans l'assiette de la femme. Celle-ci comprend tout de suite, devient toute rouge, cache rapidement la boucle d'oreille dans sa poche, et baisse les yeux.

Vrai ou faux ?

1. Vrai.
2. Faux.
3. Vrai.
4. Faux.
5. Vrai.

12. DEUX TICKETS POUR LA MÊME PLACE

(Questions page 116)

1. Nathalie se trouve dans un TGV au départ de Paris parce qu'elle veut aller passer le week-end chez ses parents.

2. Le train est bondé car c'est vendredi soir et beaucoup de Parisiens veulent aller vers le sud pour fuir les rigueurs de l'automne.

3. Quand Nathalie essaie de s'asseoir, elle découvre que sa place est déjà occupée par un homme qui a un ticket portant le même numéro de siège.

4. Elle va s'installer dans le wagon-bar, sur un mini-tabouret.

5. L'homme qui occupait sa place vient la chercher, et l'amène dans un wagon de 1ère classe, où il a réservé et payé un siège "solo" pour elle. Puis il l'invite à dîner, et ils ne se quitteront plus...

Vrai ou faux ?

1. Vrai.
2. Faux.
3. Vrai.
4. Faux.
5. Vrai.

How to access the eBook version with audio

The e-Book version will give you access to the audio files: in each chapter the audio link will enable you to listen to, and repeat, the full short story.

Another advantage is that while consulting it you can enlarge the text (to 125%, 150% or more). Also, if you read it from a computer, when searching for a word it's very easy to find it by typing "Control F" on your keyboard.

 Here is the link for a free copy of the eBook version:
www.learnfrenchathome.com/magazine/st3/
French_Short_Stories_Nr3_ebook.pdf

You can also access the audio files for the following pages on the link below:
www.frenchaccentmagazine.com/st3/audio.html

About the author

Annick Stevenson is a French journalist, writer and translator. For some 25 years, she was an international journalist and magazine editor for the United Nations.
   She has published and translated several books and she is the author or co-author of all the books published by Learn French at Home. She is also the editor of our free *French Accent magazine*:

www.learnfrenchathome.com/french-accent-magazine
amazon.com/author/annickstevenson

Learn French at Home, created in 2004 by Céline Van Loan and Vincent Anthonioz, has helped thousands of French learners, each with very different learning goals. The main ingredient of our success lies in our team of professional and friendly native French teachers who take the time to personalize every single lesson according to the student's personal and professional goal. Our main purpose is to deliver true quality service to each student.

Since the lessons take place in the student's home or workplace, it doesn't matter where you live. The teachers are located in France, Switzerland, Canada and the USA.

Every lesson is given on Skype. Whether you need to learn the language to prepare for your upcoming trip to a French speaking country, or whether you need it to work on any professional objectives, or you simply wish to enjoy communicating in French, you'll find the appropriate program on our website. We also offer French lessons for kids, which are a big success among parents wishing that their children become fluent in a foreign language.

During the session on Skype, the teacher privileges that time to stimulate the learner to speak in French, and explains grammatical points. You'll get real practice as though you were traveling or living in France!

Check our website ! **www.learnfrenchathome.com**

Bienvenue à Learn French at Home !

Every teacher at Learn French at Home teaches French with passion and establishes a caring and friendly relationship with each student. Learning from home in a relaxed atmosphere inevitably leads to positive results. Having fun learning while experiencing real progress is our main objective for each lesson. A bientôt !

Céline